친정어머니

최자영 2수필집

친정어머니

♪ 서문

물기 촉촉이 맞은 자리
하얗게 말라간다.
좀 더 마르기 위해 햇빛과 바람을 끌어들여
눈물과 함께 씹는다.

한 움큼 쥐었다 펴 널은 주름살처럼
조글조글한 꿈의 알갱이들
긴 숨을 들이마신다.
숨을 쉴 때마다 욱신거리는 기억의 조각들

더듬고 떠나간 마음자리에
하얗게 찍힌 나의 발자국
한 톨의 소금이 되기 위해
짭짤한 사랑에 깊이 스며든다.

위의 시는 「소금이 되기 위해」라는 나의 시다. 2000년도에 첫 수필집 『남의 수박 두드려 보는 여자』를 낸 후 25년 만에 두 번째 수필집을 엮으며 문득 이 시가 생각난다. 비록 오랫동안 수필을 가까이하진 못했지만, 마음 깊은 곳에서는 아직도 수필에 대한 나의 짭짤한 사랑이 숨을 쉴 때마다 욱신거리는 아픔으로 남아있기 때문이다. 긴 숨을 들이쉴 때마다 조글조글한 꿈의 조각들이 목에 걸려 미미한 작품들이지만 두 번째 수필집으로 조심스레 엮는다.

2025. 7.

최 자 영

♪ 목차

서문 ··· 4

1부 외할머니를 그리며

외할머니를 그리며 ·· 13
나이 듦에 대하여 ··· 18
잊혀지지 않는 보석 ·· 23
구두 이야기 ··· 28
건망증이 보약 ··· 33
나는 ·· 36
스승과 제자 ··· 40
꿈 ·· 43
나의 여름나기 작전 ·· 47
은사님은 떠나시고 ··· 50
버릇을 안고 ··· 53
딸의 남자 친구 ··· 56
6·25와 생일 ·· 59

살림꾼 ································· 62
한가위를 맞아 ······················· 65
우표 없는 편지 ······················ 68
이삿짐을 싸며 ······················· 71

2부 내 영혼 사랑의 사리 되어

한복 ··································· 77
내 영혼 사랑의 사리 되어 ········ 81
퇴직 유감 ···························· 85
엉덩이 청소 ························· 89
딸을 시집보내며 ··················· 92
3월 ··································· 95
보통 사람 ···························· 98
얼굴 ································· 101
신토불이 ···························· 103
실패한 사람에게 격려의 한마디를 ······ 106

언니는 행복한 사람이에요 ·············· 109

목욕 문화 ·············· 112

외제 선호 ·············· 115

친구 ·············· 118

늦가을 ·············· 123

진정한 여성미 ·············· 126

3부 인생의 겨울

친정어머니 ·············· 131

인생의 겨울 ·············· 136

추억 속으로 ·············· 139

나잇살 ·············· 143

남자 동창생 ·············· 146

나의 주치의 ·············· 149

동생댁 ·············· 152

도심 속 시골 인심 ·············· 155

몸에 대한 인식 ··· 157
여자와 화장 ·· 160
제자리 ··· 163
집안일 나눠서 하기 ····································· 165
칭찬을 아끼지 말자 ····································· 168
한 해를 보내며 ·· 171
언어 순화 ·· 174
행운의 편지 ·· 177
나이와 근육과의 상관관계 ··························· 180

4부 내 인생 한 권의 책

내 인생 한 권의 책 ······································ 185
《대전여성문학》 창간사 ································ 187
《대전여성문학》 제2집 발간사 ······················ 190
김영진의 집대성(集對成) 방송 ······················ 192
배구 캐스터 ·· 213

《대전여성문학》 20년을 돌아보며 ·················· 221
제1회 대전광역시 노인연합회
　　　문학작품 공모전 심사평 ·················· 225
제3회 대전광역시 노인연합회
　　　문학작품 공모전 심사평 ·················· 227
제4회 대전광역시 노인연합회
　　　문학작품 공모전 심사평 ·················· 230
샛별 댄사모의 봉사 실천 사례 ·················· 232
정훈문학상 수상 소감 ·················· 234
첫 시집 서문 ·················· 237
8시집을 내면서 ·················· 239
시집 『사랑한다는 것은』의 서문 ·················· 241
2017 아카이빙 작가 ·················· 243
《대전여성문학》 33호에 부쳐 ·················· 253

1부
외할머니를 그리며

외할머니를 그리며

경로잔치에 다녀오신 시어머니께서 비닐봉지에 싼 절편을 내놓으시며 손녀딸이 학교에서 돌아오면 주겠다고 말씀하신다. "어머니 드세요" 잘 먹지도 않는 떡을 어머니나 드시지, 남겨 오셨느냐는 얘기를 차마 할 수 없어 속으로 삼키고 만다.

예나 지금이나 할머니들이 손자 손녀 생각하는 것은 다름이 없지만, 요즘 아이들은 옛날처럼 할머니를 잘 따르지도 좋아하지도 않는다. 그래도 손녀를 주겠다고 자신의 몫으로 배당된 떡을 싸 들고 오신 어머니를 보면서 문득 30여 년 전 돌아가신 외할머니 생각이 난다.

공주군 이인면 초봉리 산지골 마을의 커다란 대문집이 나의 외가였다. 공주 읍내(지금의 공주시)에 살고 있던 우리 형제자매들은 방학만 되면 30리 길을 걸어 외가에 가곤 했다. 우리가 들이닥치면 그 밤으로 찹쌀을 물에 불려서 인절미를 해주시는 외할머니가 뵙고 싶고, 떡이 먹고 싶어서 방학하기가 바쁘게 달려갔다. 방학이 시작되기 며칠 전부터 대청마루를 서성이며 동구 밖 먼지가 뽀얗게 이는 신작로를 바라보시던 외할머니는 우리가 할머니의 눈에 들어오기만 하면 종종걸음으로 논둑길을 달려오시어 얼싸안고 눈물을 글썽이셨다.

"예쁜 내 새끼들이 왔구나. 어디 보자" 시며 얼굴을 쓰다듬고 머리를 감싸안으시며 반가워하셨다. 과수원에서 금방 따온 싱싱한 과일과 인절미, 집에서 만든 약식이나 약과 등을 주시고 수정과 감주, 곶감도 내오셨다. 할머니 방의 벽장은 먹을 것 창고였고 할머니 입에 넣기도 아까워 아끼시던 그 안의 모든 먹을거리들이 끝없이 나오곤 했다. 고소한 콩고물이 묻은 인절미를 조청에 찍어 먹던 맛은 지금의 고급 케이크나 인스턴트식품에 비할 바가 아니었다.

모처럼 포식하고 할머니 무릎을 베고 누우면 하늘에는 총총한 별이 보이고 달이 둥실 떠오르곤 했다. 마당가 싸리 울타리 밑에는 갖가지 꽃들이 피어 대낮같이 환하고 모깃불 타는 풀 냄새가 향기롭게 코끝을 간질였다. 손녀딸이 모기에 물릴세라 가만가만 부채질을 해주시며 옛날얘기를 들려주시던 여름밤, 할머니의 얘기를 꿈결처럼 들으며 잠이 들곤 했었다.

많은 농사채에 머슴까지 두고 사시던 외가댁은 손녀 손자들뿐 아니라 동네 아이들의 간식 창고이기도 했다. 동네 아이들이 몰려오면 무엇이든 먹여 보내려 애쓰셨고 우리들이 집에 오면 보따리 싸 주시는 것 또한 잊지 않으셨다.

늘 인자한 웃음과 조용한 말씨로 우리를 사랑해 주시던 외할머니가 떠나신 지 30 수년이 지난 지금, 외할머니가 몹시 그리워진다. 뵙고 싶다. 간절히….

요즈음 아이들도 할머니가 돌아가신 지 수십 년이 지난 후에도 할머니를 생각할까.

모든 것이 풍족해진 시대에 살고 있는 요즈음 아이들은 인스턴트식품에 길들여져 할머니가 주머니에 꼭꼭 싸 들고 온 떡을 잘 먹지 않는다. 할머니의 옛날얘기도 시시하게 생각하고 들으려 하지 않는다. TV, 비디오, 만화를 보며 키득거리고 좋아할 뿐이다.

대부분이 할머니와 따로 사는 핵가족이니 어쩌다 만나는 할머니가 낯설고 서먹하여 정이 들지 않는다. 같이 사는 손자 손녀들이라 해도 여러 가지 학원에 뛰어다니기에 바빠 할머니와 같이 있을 시간이 없다.

아들 며느리 또한 직장 일에 매달리다 보니 역시 마주할 시간이 많지 않고, 맞벌이 부부가 아니라 해도 요즘 며느리들은 참 바쁘다. 입시생 뒷바라지에 바쁘고, 자아실현을 위해 배움터 찾아다니기 바쁘고, 다이어트를 위한 에어로빅, 수영 각종 모임 참석에 또한 바쁘다.

그러니 할머니들은 온종일 집을 지키고 있거나, 노인정에 나가 화투짝을 만지작거리는 일로 소일할 뿐이다. 기계 문명의 발달로 집안일을 대신해 줄 수 있는 가전제품이 거의 갖추어져 있어 할머니가 손자를 위해 해줄 일도 별로 없다.

옛날 음식 솜씨라도 전수하고 싶어 주방에라도 들어서면, 젊은 며느리들은 힘드신데 들어가 쉬시라는 좋은 말로 내몰고 만다. 할 일을 잃은 할머니들은 적막강산 같은 무료함 속에 묻혀 있을 수밖에 없다. 얼마 전 텔레비전에서 본 드라마 생각이 난다.

서울에서 2시간 거리의 K시에 살고 계신 노인 두 분이 서울에 살고 있는 아들딸과 손자, 손녀가 보고 싶음에 짝사랑하기가 너무 가슴이 아파 아예 시골로 더 들어가면 '멀어서 오기 어려우니'라고 스스로 위로하며 체념하게 될 것 같아 산골로 깊숙이 이사를 한다는 내용이었다. 눈물겨운 이야기다.

좋은 것만 보아도 자식들 생각에 자신의 입에 넣기를 주저하시는 우리의 할머니들, 자식들 걱정에 밤잠을 설치는 부모 마음을 요즘 사람들은 헤아리지 못한다. 그러기에 부모 마음 십분의 일만 따라가도 효자라 하지 않는가.

한 지붕 아래 몇 대가 모여 사는 모습은 이제는 좀처럼 찾아보기 힘들다. 하지만 그런 대가족이 아주 없는 것은 아니다. 가끔 우리는 그런 가족들의 이야기를 들을 수 있고 그때마다 우리는 그들이 함께 모여 사는 것만으로도 감동을 받곤 한다. 함께 모여 살면서 서로에게 힘이 되는 가족이라는 공동체, 서로를 자상하게 바라보면서 깊이 이해하고 사랑하면서 건강하게 살아가는 모습은 얼마나 아름다운가!

"우리가 할머니가 될 때는 손자 손녀는 고사하고 자식들 얼굴 보기도 힘들 테니 우리 동창끼리 빌라를 지어서 같이 살자"고 하던 농담을 생각하며 쓸쓸해짐은 나도 할머니 될 날이 머지않았기 때문이리라.

젊음이 넘쳐흐르는 싱그러운 녹음의 계절이 가면 곱게 물든 단풍의 계절이 찾아오듯 우리도 노년을 맞는다. 노인들이 소박함과 너그러운 마음으로 조용히 주름살과 흰 머리카락의 값을 하면서 멋있게 노년을 보낼 수 있도록 우리 젊은이들은 신경을 써야 한다.

우리나라는 '동방예의지국'이라 했다. 그러나 서구 문명의 분별없는 받아들임으로 우리의 예절 문화는 참 많이 바뀌었다. 과보호로 자란 젊은 사람들은 나만 편하고 나만 좋으면 된다는 이기주의와 개인주의뿐이다.

요즘 대학생의 입에서 '대학이 양로원이냐?'고 노골적으로 나이 든 교수를 구박하는 소리를 듣는다. 그리고 보면 나이가 들수록 점수가 떨어지는 것은 신붓감만은 아닌 듯싶다.

나이 칠십은 노인 입문쯤으로밖에는 여기지 않을 만치 고령화 추세인 현 상황에서 우리네 부모들이 그저 누구하고나 마음으로 나눌 수 있는 가벼운 인정 하나라도 주고받으며 살 수 있도록 자식들은 신경을 써 주어야 한다.

손자 손녀들에게 이마의 주름살과 흰 머리칼의 내력을 전설처럼 들려주던 할머니의 바람은 한갓 옛날얘기로만 남았을까.

오늘따라 외할머니가 더욱 그립다.

나이 듦에 대하여

"아빠, 왜 공을 할머니한테로 차? 체조하시는데…."
 이른 새벽 초등학교 운동장을 걷고 난 후 스트레칭을 하고 있는데 운동장 가운데서 초등학교 2학년쯤 된 아들과 공차기를 하던 아빠가 찬 공이 나의 다리에 맞자 그 아이가 미안한 듯 한 말이다.
 "괜찮아" 공을 주우러 온 아이에게 빙긋이 웃어주며 말하는 나의 마음속에 순간 쓸쓸함이 스치고 지나갔다. 외손녀가 6살이니 이미 '할머니'란 소리를 들은 지 여러 해가 지났으니 그 아이의 호칭이 새삼스러울 것도 없지만 할머니란 말이 아직도 내게는 생경하게 들려서인지도 모르겠다.
 맨 처음 할머니란 말을 들었을 때가 새삼 떠오른다. 비 오는 날 서대전 사거리 모 백화점 앞에 서 있을 때 나의 옆에 젊은 아빠와 어린아이가 서 있었는데 그 아이가 장난을 치며 우산을 빙빙 돌리자 아이의 아빠가 "할머니께 물 튄다. 그만해!"하며 황망히 말하는 것이었다. 직접 나에게 한 말이 아니고 아이를 통해서 했지만 처음으로 들었던 칭호라 충격적이어서 몇 년이 지난 지금까지 기억 속에 머물러 있다.

요즈음은 버스 속에서도 자리를 양보하는 사람을 가끔 만나게 된다. 머리는 반백이고 얼굴의 주름은 남에게 질세라 가로, 세로, 동, 서, 남, 북 길을 내고 바싹 마른 몸은 등을 펴고 곧게 서 있는 일에도 인색해 허리를 굽혀야 편해진다. 어깨는 자꾸 안으로 오그라들고 고개도 자연히 숙여진다.

한때는 나에게도 뚱보였던 시절이 있었다. 타고난 성품이 멋을 모르는 사람이라서 벌어진 어깨와 굵은 종아리가 부끄러운 줄 모르고 학보사 편집실로, 출판사로 천방지축 뛰어다녔다.

그런 학창 시절이 지나고 교직에 잠시 몸담았다가 결혼과 함께 가정으로 돌아와 대가족의 시집살이에 지칠 대로 지쳐버린 나는 나이 30에 삭정이 같은 깡마른 중년 여인이 되어 어서어서 나이를 먹길 바랐다.

홀로 되신 50 중반의 시어머니는 전형적인 옛날 분으로 너무나 당당하셨고, 초등학교 5학년인 막내 시누이부터 위로 시동생, 시누이 줄줄이 8남매가 직장인으로, 학생으로 각기 다른 시간에 아침 식사를 하고 떠나고 나면 쌓인 빨래와 설거지, 집안 청소에 어린 나의 두 아이까지 눈코 뜰 새 없이 바쁜 일 속에서 파김치가 되곤 하는 일상의 반복이었다. 새벽 5시부터 밤 12시까지 잠시도 쉴 틈이 없었다. 그런 속에서 어서어서 늙어가기를 간절히 원했는데, 지나고 보니 너무나 빨리 가버린 세월이 아닌가! 어느새 각기 둥지를 틀고 떨어져 나간 식구들은 그들 나름의 울타리를 만들고 손자 손녀까지 둔 할머니, 할아버지가 되었다.

어린 아기들이 '할머니'라 해도 낯설기만 하던 일이 엊그제 같은데 이제는 중년의 젊은이들까지 공공연하게 '할머니'라 부르고 있으니 정말 나이 듦에 대하여 생각해 보지 않을 수 없다.

더구나 유행처럼 번지는 웰빙 시대가 아닌가. ⟨my time⟩의 저자 '트레휘드' 여사는 "이 시대를 사는 장노년층은 중년과 노년의 사이에서 인생의 르네상스를 맞고 있다"고 했다. 맞는 말이다.

요즈음은 시골 구석구석까지 주민자치센터나 노인 복지관에서 노인을 위한 각종 프로그램을 운영하고 있다. 붓글씨, 장구, 스포츠댄스, 요가, 노래 교실 등을 운영하고 있어 황금의 시절을 맞은 장노년층이 만원사례를 이루고 있다. '건강'을 노래 부르며 요가 열풍을 부르고 새벽이나 저녁에 학교 운동장을 걷고 뛰는 노인들의 희망찬 발걸음을 흔히 볼 수 있는 풍경이다.

얼마 전 TV에서 본 감동적인 장면이 생각난다. ⟨노부부의 여름나기⟩라는 제목으로 89세 할아버지가 91세 할머니를 지팡이와 함께 자전거에 태우고 동네를 한 바퀴 도는 장면이다. 10년이 된 낡은 자전거 일망정 노부부에겐 값비싼 승용차에 비할까. 78년째 해로하는 노부부의 아름다운 얘기는 사람살이에 있어 어떤 것이 참살이(웰빙)인가를 보여주는 좋은 예이다.

외모가 주름지고 늙어간다고 마음마저 늙는 것은 아니다. 우리의 평균 수명은 나날이 늘고 있다. 남은 인생을 보다 건강하고 슬기롭게 그리고 멋지게 살기 위해 심각한 고민을 할 때이다. 나이 들어감에 따라 몸의 불편함이 따르고 그러다 보면 가족이나 다른 사람에게 폐를 끼치게 된다. 존경과 대접을 받는 노인이 되려면 노인다움을 스스로 지녀야 한다. 그러기 위해서는 꾸준한 운동과 긍정적인 사고를 지니고 존경받을 생각보다는 폐를 끼치지 않도록 부단히 노력하는 자기 수련이 필요하다.

노년의 사고(四苦)로 경제력, 건강, 역할 상실, 소외로 인한 고독감을 들었다. 그러나 요즈음은 한 단계 업그레이드된 신(新) 사고(四苦)를 얘기한다.

첫째, 사랑을 줄 상대가 없어지는 것
둘째, 걱정거리가 없어지는 것
셋째, 대화할 상대가 없는 것
넷째, 즐길 거리가 없어지는 것이라 한다.

노년에 입문하면서 신(新) 사고(四苦)를 헤쳐 나갈 길은 가진 돈을 값지게 쓸 줄 알아야 한다. 나를 위해, 이웃을 위해, 공익을 위해 지갑을 열면 즐거움이 그 지갑에 다시 채워진다.

또한 버리는 것에 인색하지 말아야 한다. 취사선택을 잘할 줄 알아야 멋있게 살 수 있다. 욕심은 버리되 정말 소중한 가치는 살려야 한다. 매사를 긍정적으로 생각하고 잘 웃어야 한다. 사람이 특별한 감정 표현을 하면 몸도 거기에 따른 생리적 변화를 일으킨다고 한다. 혈액순환이 좋아지고 엔돌핀이 분비되어 통증이 완화된다. 항스트레스 호르몬이 나와 마음이 편해지고 면역력이 향상되어 건강 상태가 좋아지니 웃는 만큼 젊어질 수밖에 없다.

소심하고 조용한 성격인 나는 웃지 않아 주름이 많은가 보다. 더구나 피부 가죽이 얇고 마른 탓에 더욱….

늦었지만 요즈음은 명랑해지려 노력하고 있다. 젊은 사람들과 어울려 댄스스포츠도 하고 노래 교실에서 소리 높여 스트레스도 날려 보내고 요가를 하며 나이에 어울리지 않게 유연하다는 인사치레에 잠시 우쭐해 보기도 한다. 새벽에 생활 체조를 생활화하고 학교 운동장을 걷고 달린다. 젊은 사람들이 입는 옷도 입어보려 노력하고 건강해지려 안간힘 쓰는 나 자신에 실소를 머금기도 하지만 나이 듦은 외모를 꾸미는 일로 막을 수 없음을 안다. 대접받기를 바라기 전에 내어주고, 양보하고, 배려하는 마음으로 나이 들어감을 자연스럽게 받아들일 때 나름대로의 기쁨과 행복이 내 곁에 오래 머물러 있으리라 믿는다.

잊혀지지 않는 보석

꽃들이 피기 시작한다. 차갑게 토해내는 진달래의 가슴속 한과 숯불을 뒤집어쓰고 앉은 듯 활활 불타는 영산홍의 정열적인 자태, 반쯤 벌어진 목련의 입술, 숨어 피는 난의 가녀린 숨결 소리가 어우러져 4월의 꽃 잔치가 벌어진 정원에 봄비가 내리고 있다. 현관 유리문을 통해 정원을 내다보다가 문을 밀고 뜰에 나선다. 비가 오고 있으니, 오늘은 혹시 편지함에?

아주 오래전부터 나에겐 편지함을 열어보는 습관이 생겼다. 대부분의 우편물은 편지함에 넣지 않고 대문 안에 던져 넣는데도 하루에도 몇 번씩 편지함을 열어보며 실망하는 법을 배운다. 정겨운 사연이 담긴 편지글이 누구에게선가 올 것만 같은 기대에 차서 심심할 때면 정원을 바라보고 서성이다가 편지함을 열어보지만, 매번 실망하고 다시 기대하며 세월을 비껴 보내왔다.

중년을 넘어선 이순의 나이에 접어든 나이, 언제 어쩌다 여기까지 왔나! 초조함에 젖을 때마다 옛사람들의 사연이 그립다. 이따금씩 대문 안에 철썩하고 던져지는 우편물 소리에 뛰어나가 보면 활자화된 출판기념회 안내장, 청첩장, 공문서가 대부분이고 낯익은 동료 문인이나 낯선 시인들의 시집, 수필집들이 단비처럼 내 기다림을 목 축여 주고 있을 뿐이다. 고교 시절의 낭만이나 대학 시절의 낭만이 담긴 편지글은 일 년이 가도 겨우 한두 통 정도 있을까 말까 하니 나의 기다림은 추억을 반추하는 수밖에 없다.

1960년대는 펜팔이라는 것이 유행했었다. 영어 공부도 할 겸 열심히 영어 사전을 뒤적이면서 서툰 영어 문장을 구성해 외국인 학생 간의 편지 교환을 하는 친구들도 있었고, 학생 잡지 뒷면에 실린 펜팔을 원하는 사람들의 주소에서 뽑아 편지를 주고받거나, 학생 잡지 문예란에 실린 글을 보고 편지를 주고받는 일 또한 유행했다. 공부를 꽤 잘하면서도 장문의 편지를 쓸 시간과 정성이 있었으니, 지금처럼 입시에 매달리지 않아도 되었던 시절이었다.

고교 시절에는 월간 학생 잡지인 학원지의 학생기자, 대학 때는 여성 월간지인 〈여원〉의 모니터가 되어 어설픈 기사나 글들을 나름대로 당당히 발표하던 때라 하루에도 수십 통씩 낯선 편지가 배달되었다. 편지 검열을 열심히 하던 시절이었지만, 담임 선생님께서도 내 편지는 무사통과. 쌓이는 사연들 속에서 골라잡아 답신을 쓰는 건방진 오만을 부리기도 했다. 그중에서 1년 이상 편지가 계속된 몇 사람을 떠올려본다.

고등학교 2학년에 들어선 봄부터 학원지의 글을 보고 보내준 대구의 까까머리 중학생 편지, 중학생답지 않은 세련된 문장과 정성에 답신을 시작해서 몇 년 동안 이어졌다. 그는 지금 이름이 널리 알려진 중견 시인이며 소설가인 정호승이다. 언니라고 따르면서 마른 꽃잎을 늘상 보내주던 마음이 여린 K양, 씩씩하게 생긴 사진과 함께 시원한 웃음을 보내주던 종합고등학교 T양, 고향이 그리운 밤이면 달빛 아래 누워 자기 고향 마산의 막걸리를 생각하며 서울의 막걸리를 마시고 글을 쓴다는 서울공대의 H, 그는 거의 매일 10여 장의 장문의 글을 2년 이상 보내주었다. 2년쯤 지난 어느 날 만남을 원하는 그의 편지를 받았지만, 글벗은 글벗으로 끝나야 한다고 만나지 않은 채 안녕을 말했다. 그 외 원자력연구소 D, 연세대 정외가 K 등 기억난 몇 사람의 글월들이 새삼 나를 처녀 시절로 되돌려 놓는다.

부모와 자식 간이나 연인 사이, 친구 사이에도 요즈음은 편지를 쓰지 않는다. 모든 안부나 사랑 고백까지도 전화로 하는 삭막하고 메마른 지금과는 달랐던 시절에 나눈 편지들은 모두가 가슴에 곱게 간직하고 싶은 꽃잎 같은 아름다움이지만 그중에도 유독 잊지 못한 사연이 있다.

Arina

밤이 오래입니다. 지금 오래지 않을 이 순간 나도 Arina라고 불러볼 수 있는 권한을 주십시오. 나에게 진실을 말하게 하고, 나 또한 울지 않고, 이 길을 걸을 수 있게 해 주십시오. 무엇이 옳음인가를 까마득히 모르는, 더욱 알고 싶어 하지도 않는 나지만, 저 달빛 속에 치솟은 설봉의 장엄함을 길이 잊어버리진 아니하렵니다.

Arina

월하의 백설!

여기 어둠 속에서 뒹굴던 폐인의 눈에는 무섭도록 찬란합니다. 누구라 내 앞에 이 하얀 마음을, 이 하얀 진실을 뿌려주었습니까, 돼지 앞에 진주를 던지지 마십시오. 달빛을 잉태한 이 하얀 진실을 밟으며 나는 가야만 합니다. 비굴한 웃음이 입을 모아 웃음 하는 한 칸 내 방. 그곳은 못된 박쥐의 화신을 기다리고 있습니다. 눈 속에 남긴 이 흐트러진 발자국, 태양의 성스러움 앞에서 조용히 승화하기 전에는 못 치웁니다. '좀 더 순하고 좀 더 어리고 좀 더 명랑하게 살고 싶다' 는 Arina. 겨울은 아직도 멀어 눈은 또 내릴 것입니다.

- 중략 -

위의 글은 펜팔로 사귄 친구의 편지가 아니다. 대학생이 되어 얼마 지나지 않은 초여름 날, 오르겐 연습실에서 말없이 몇 시간을 지켜보던 C. 연습이 끝나고 하굣길에서 그는 내게 강의 노트를 빌려 달라 했고, 그 노트에다 '파란 코스모스를 심자'는 시 한 편을 지어서 친구가 되자는 뜻을 전했다. 등하굣길 친구, 공작품 과제를 해주는 친구, 같이 도서관에서 공부하는 친구로 몇 달을 지낸 어느 날, 그는 자기에게 애인이 생겼노라고 고백했다. 정열적인 그녀의 늪에 걷잡을 수 없이 빠져들고 있노라고, 그녀는 순수한 우정마저 용납할 수 없는 여자라고 말했다. 그렇게 갖가지 풍문을 남기며 꽤나 요란스럽게 사귀던 그들이었는데, 졸업과 동시에 빨강색을 좋아하던 그녀는 후조처럼 그의 곁을 떠났고, 그는 월남전에 자원했다. 제대 후 그는 제일 먼저 나를 찾아왔다. 나를 위해 비워놓은 자기 가슴을 채워줄 수 없느냐고 돌아왔지만, 우정은 우정인 채 간직하고 싶은 나의 욕심으로 그의 곁을 떠났다.

'돼지 앞에 진주를 던지지 말라'고 스스로를 자학하던 그는 어떻게 살고 있을까. 늘 꿈을 꾸듯 아름다운 눈동자를 가졌던 그도 이제 중년의 고개를 넘어섰으리라. 순수한 사람이었다고 믿고 있기에 지금도 아름답게만 기억되는 사람, 슬픔을 느끼게 하는 그의 역설적인 편지글이 잊혀지지 않는다.

'산다는 일이 그렇게 행복한 것도 불행한 것도 아니라'는 모파상의 '여자의 일생' 중에 나오는 하녀 로잘리의 말을 떠올리며 느슨한 행복감과 허무감을 동시에 느끼는 중년의 뜰에 30여 년 전 친구들의 정감 어린 사연 한 통이라도 꽃잎이 내 발밑에 떨어지듯 찾아와 준다면 하는 기대를 해봄은 헛된 망상일까!

삭막한 요즘 세상을 살아가면서 옛날을 아름답게 추억할 수 있음은 정감 어린 사연을 주고받던 시절이 있었음이다. 사람은 모두 떠나갔지만, 상상력이 동원된 푼푼한 분위기의 편지글들은 영원히 가슴에 새겨져 잊혀지지 않는 보석으로 남아있다.

구두 이야기

　모처럼 외출 준비를 하고 신발장을 열었다. 식구들 서열 순으로 신발장 칸을 메우고 있다.
　식구라야 다섯인데 딸은 지난 가을에 결혼을 했고 아들은 서울에서 직장에 다니고 있기 때문에 시어머니, 남편 그리고 나 세 식구뿐이다. 그러니 맨 밑에 두 칸이 내 구두 칸인 셈이다. 두 칸을 메운 구두를 보니 모두가 검은색 아니면 흰색이다. 여름에 신는 흰 구두 세 켤레와 한복에 신는 꽃고무신, 슬리퍼, 운동화 그리고는 검은 구두 서너 켤레. 어느 구두를 신을까 잠시 바라본다.
　모두가 굽이 있는 구두다. 그중에서 굽이 제일 낮으며 요즘 유행하는 앞뒤 굽 높이가 거의 같은 뭉툭한 구두를 꺼내 신어본다.
　요즈음 사람들은 발보다 큰 구두를 잘도 신고 다닌다. 마치 배를 타고 다니는 느낌이 든다. 앞쪽이 약간 치켜 올라가고 가운데가 들어간

배 모양의 신발들과 나무판 위에 신발을 올려놓은 것 같은 구두. 유행도 참 별나다.

앞볼이 좁고 뾰족하며 뒷굽이 가늘고 높은 구두가 내가 가진 구두들인데 이제는 신을 수가 없어 나막신 비슷한 구두를 한 켤레 샀다. 굽이 높으면서도 앞뒤 굽의 높이가 비슷해서 편해 보이고 또 유행이기도 해서 샀는데 그 구두도 만만치가 않아 몇 번 꺼냈다 넣었다 한 구두인데 다시 신어 보니 역시 불편하다. 이것저것 신어보지만 그림의 떡이다. 저 굽 높은 신발들이 내 것이란 말인가. 신고 뛰어다니던 구두들인데 왜 이렇게 낯설게만 느껴질까. 아주 먼 젊은 날에 신었던 신발들처럼 느껴지는 구두들이 울상을 짓고 있다.

매사에 욕심이 없지만 구두 욕심은 조금 있다. 구두 가짓수가 많다는 얘기가 아니다. 발이 평발이고 볼이 넓어서 가죽이 부드러운 것을 선호하고 키가 작아서 늘 굽이 있는 구두를 신었다.

몇 켤레의 구두를 신어보던 나는 결국 시어머니 효도화를 빌려 신고 나갈 수밖에 없었다. 높은 구두를 신고도 빠른 내 걸음은 항상 뛰어다니다시피 했던 날들이 새삼 그리워지면서 얼마 전 가벼운 교통사고가 생각나 또다시 억울한 생각이 슬그머니 고개를 든다. 밤마다 너무 아파 식은땀을 흘리며 슬퍼했던 날들이….

몇 년 전 일이다. 고등학교 동창들 모임이 있어 점심을 먹고 느슨히 풀어진 마음을 거둬들이지 않은 채 우리는 모처럼 노래방으로 향했다. 식당 앞 도로변을 천천히 걷고 있는 내 종아리를 무언가가 '탁' 치면서 등짝을 덮치는 기분이 드는 순간 나의 왼쪽 발등이 푹 꺾여 주저앉았다. 놀랍게도 승용차가 뒤에서 나의 종아리를 들이받은 것이고 순간 굽이 있는 발등이 꺾여 왼쪽 두 번째 발가락과 통하는 발등의 뼈가 순간 툭 튀어나왔다. 놀랍고 당황스러웠으나 크게 아픈 것은 아니었기에 정신없이 집으로 돌아와 튀어나온 부위에 찬물 찜질을 했다. 처음에는 그냥 나으려니 대수롭지 않게 여겼는데 2~3일이 지나자 점점 아프기 시작했다. 정황 중에, 옆에 있던 친구가 적어준 전화번호를 찾아 가해자에게 전화를 했다. 밀감 한 박스를 사 들고 온 가해자는 교통사고라면 복잡해지니 그냥 넘어졌다고 말해달라고 했다. 나는 그렇게 했고 내 의료보험 카드로 서너 번 물리치료하고 한의원에서 침 몇 번 맞은 것으로 끝을 맺고 말았다.

그런데 그 후가 문제였다. 새록새록 아파지는 발등은 밤마다 식은땀을 흘리며 잠을 설치게 했고 볼이 좁은 구두나 굽이 있는 신발은 신을 수가 없게 되었다. 할 수 없이 X레이를 찍어보니 발이 꺾이는 순간 다친 뼈가 주저앉고 옆에 잔뼈가 돋아나 둘째 발가락 신경을 건드려 몹시 아팠다. 아무것도 모르고 가해자가 원하는 대로 각서를 써주었으니 아무리 아파도 그쪽에 하소연할 수도 없는 처지. 나는 밤마다 식은땀을 흘리며 힘들어하고 억울해했다. 내 어리석음을 자책하고 그들을 미워했다. 교통사고 후유증이 얼마나 무서운 것인가를 실감했으며 차만 보면 가슴이 덜컹 내려앉을 만치 무섭기도 했다.

치료 방법은 수술밖에 없다는 결론이 나왔다. 그러나 수술이 쉽지 않으니 견딜 수 있을 때까지 견디는 수밖에 없다고 한다. 걸핏하면 수술을 권하는 종합병원에서도 선뜻 권하지 못하니 그럭저럭 편한 신발을 신고 사는 수밖에 더 있는가. 다리를 다친 이후에는 언제나 한 치수 큰 구두를 신는다. 발가락 신경을 건드리면 아프기 때문에 좀 넉넉해야 덜 아팠다.

그러던 중 설상가상으로 어느 겨울 오른쪽 발목이 골절되는 불상사가 일어나고 말았다. 그야말로 다리의 수난 시대가 시작된 셈이다. 골절된 발목은 수술을 했고 일 년 뒤에 쇠를 빼내는 수술까지 해 정상으로 돌아왔지만, 교통사고로 다친 다리는 점점 더 불편해지고 있으니 걱정이다.

"다리 때문에 고생하겠군요"라던 어느 승려의 얘기를 떠올리며 팔자려니 체념하다가도 세월이 흐르면 점차 좋아지겠지 하는 기대에 마음을 기울여 본다.

빨리 걷기가 힘들어 천천히 가로수길을 걸으니 만감이 교차한다.

처녀 시절 지금의 남편과 데이트 중에 뾰족구두를 신고 계룡산 갑사를 찾은 적이 있었다. 그때 굽이 빠져 구두를 벗어들고 맨발로 걸었던 기억에 웃음이 나온다.

대학을 갓 졸업하고 교사 발령을 받아서 첫 임지로 부임할 때 처음으로 검은색 단화 한 켤레를 맞춰 신었다. 그때 "여자는 굽이 있는 구두를 신어야 다리가 예뻐진다" 하시던 아버지의 말씀도 새롭게 생각이 난다. 180㎝를 넘는 키에 건장하고 얼굴 또한 영화배우 못지않게 미남이셨던 아버지는 참으로 멋을 아는 분이셨고 음악을 좋아하는 예술가적 기질이 많으신 분이셨다. 여러 가지 악기를 잘 다루었고 특히 노래를 잘 부르시던 아버지께서 가신 지도 벌써 20여 년. 많은 세월이 흘렀다.

이제는 나이가 들어 편한 신발을 신어야 될 판에 다치기까지 했으니 구두에 대한 욕심도 버려야 될까보다. 뾰족구두에 대해서는 더욱.

눈을 들어 바라본 앞산은 온통 꽃과 신록의 축제다. 봄 산은 겨울에 아낌없이 비워냈기에 저토록 아름다운 빛깔로 다시 태어났을 것이고 하늘은 비우기를 게을리하지 않았기에 새로운 구름을 다시 채울 수 있는 것이 아니겠는가.

세월이 약이라 했던가. 이제는 미움과 원망보다는 체념에 더 가까이 다가선 나를 발견한다. 자연의 섭리를 따르리라.

건망증이 보약

 '이양하'님의 〈신록 예찬〉이 떠오르는 5월이다. 숲은 마냥 푸르러지고 하늘은 더없이 맑고 높다. 그 하늘과 숲이 선들바람에 실려 춤추고 노래한다. 연녹색 잎을 하늘거리는 나무들의 아름다움은 멋진 시를 읊조리게 하는 싱그러운 날, 백화점 쇼핑을 한다. 방안에 가만히 앉아 있기엔 너무 좋은 날씨 탓이다.
 한 바퀴 둘러보며 아이쇼핑을 하다가 꼭 필요한 물건이 하나 있어 사려고 돈을 치르려 하니 아뿔싸! 지갑이 없다. 놀라서 급하게 집으로 와 보니 화장대 위에 지갑이 얌전히 앉아 있는 것이다.
 요즘 들어 심해진 건망증은 치매의 시초가 아닌가. 의심이 들 정도로 심각하다. 저녁 찬거리를 사러 가면서 그냥 맨손으로 가서 본의 아니게 되돌아서는 일이나 동창회에 가면서 돈이 들어있지 않은 빈 가방을 들고 나서는 일. 가스 확인을 하지 않고 집을 나선 것 같아 버스를 타고 어디를 가다가 내려 집에 와 다시 확인하고 가는 일. 냉장고 문을 열고 머리를 냉장고 속에 잠시 들이밀고 있는 일. 무슨 말을 하려다가 잊고 남편에게 핀잔을 듣는 일. 무엇이든 손목에 걸지 않으면 안심이 되지 않는다. 그냥 슬그머니 놓고 내리기 때문에 젊은 시절부터 깜빡깜빡하는 나의 건망증은 70줄의 나이에 들어서면서 무척 심해졌다. 건망증으로 당한 황당함이 한두 가지랴만 지금도 잊지 못하고 있는 일이 있다.

아주 오래전 젊은 시절의 이야기이다.

서울 친정 나들이를 하고 돌아올 때 호주머니에 잘 간수했던 기차표를 대전역이 가까워지면서 미리 챙긴답시고 꺼내서 손에 쥐고 있다가 내릴 때 그만 흘려버렸던가 보다. 지금은 홈을 그냥 나오게 되어 있지만 그전에는 꼭 역무원이 출구에 서 있어서 반납을 하게 되어 있었다. 사무실에 불려 들어가 서너 명의 역원들에게 동물원의 원숭이 꼴로 전락당하고 꼼짝없이 배상을 하고 나올 수밖에 없었다.

또 한 번은 이미 예매해서 호주머니 속에 넣어둔 우등 열차표를, 전철을 타러 들어가면서 전철표와 바꾸어 내버려 다시 열차표를 끊었던 실수도 있었다.

누구에게도 발설 못 한 부끄러운 일을 오래오래 가슴 속에 숨겨두고 고물고물 혼자 부끄러워하며 씹었던 일들! 그러나 세월이 약이라 했던가. 망각이란 단어가 있기에 이 세상은 살만하다고 생각한다.

물질 썩는 냄새가 세상을 뒤덮어 어둠뿐인 현실, 눈만 뜨면 보이고 들리는 일이 거짓과 사기, 권모술수, 비리가 판을 치는 양심을 잃어버린 시대, 서로를 헐뜯고 상처 주고 짓누르기 위해 혈안이 된 세상에서 살아남는 일은 안 보고 안 듣고 빨리 잊는 일이 아닌가.

그러기에 망각이란 구세주 역할을 하는 것 같다. 세월이 흐르면 슬픔도 아픔도 잊을 수 있고 오히려 아름답게만 기억될 수 있기에 건망증이 때로 보약이 되기도 한다고 자위하던 젊은 날이 지나고 이제는 건망증으로 마음을 다칠 때마다 치매를 걱정하며 이것저것 뇌 건강에 좋다는 영양제를 찾고 있는 나를 발견하고 실소를 금할 수 없다.

학생 때 빼고는 늘 마른 몸으로 평생을 살아왔는데 뒤늦게 건강에 부쩍 관심이 많아져 몇 가지 운동하는 모임에 참석하면서 하루를 바쁘게 사는 나에게 "어르신" "왕언니"라 불러주는 젊은 사람들의 고마운 마음을 따뜻한 시선으로 바라보고 그들과 어울려 같이 운동할 수 있음을 행복하게 여긴다.

나는

내 탓이요 후회하며
또 탓을 만드는 여자

갠 날 흐린 날
표정이 없는 여자

늘 지각해 혼자 달리는
꿈을 꾸는 여자

맨발인 채 헛디딘 시간 밖을
서성이는 여자
〉

자라는 슬픔을 아파하면서
그 슬픔의 등을 쓰다듬는 여자
- 「나는」

위의 작품은 나를 표현한 시다. 평생을 나는 이렇게 살아왔다. 남 앞에 뱃심 좋게 나서보지 못했고 마음속에 있는 말들을 용기 있게 남 앞에서 말해 보지 못한 소심한 여자.

어려서는 부모님 말씀에 순종 잘하는 모범생 딸로, 커서는 첫 번째 줄에 서기가 두려워 늘 두 번째 줄 가장자리를 선택했다. 공부를 잘하기 위해 꾸준한 노력을 했고, 부모님 칭찬을 받아야 안심이 되는 아이로 컸다.

첫째인 나와 내 밑의 남동생 둘을 나란히 책상 앞에 앉혀 놓고 감독을 하시기 위해 뒤에 앉아 계시면서 "장학금을 받지 못하면 중학교부터는 누구도 학교에 다닐 수 없다"시던 아버지의 말씀에 고분고분 따랐던 용기 없는 아이. 덕분에 나는 대학까지 다닐 수 있었다. 아버지의 말씀은 절대 강요가 아니었는데도 정말 하고 싶은 공부를 할 수 없을까 봐 눈만 뜨면 책을 끼고 살았다. 나는 공부가 좋았다. 공부 이외에는 할 것이 없었다고 할까.

초등학교에 입학하기 전 공주군 이인면에서 공주 시내 할머니 집으로 이사를 하게 되었을 때 1년여를 잘 사는 서울의 고모님 댁에 얹혀살면서 부잣집 사촌들과 어울리지 못해 얼마나 소외감을 느꼈었는지! 초등학교도 들어가기 전의 어린 나이의 맏딸을 시누이 집에 맡기고 어머니는 얼마나 가슴이 아프셨을까. 1년을 참다못해 결국 나를 다시 데려다 연년생 남동생과 함께 초등학교에 입학을 시키셨다. 그때부터 나는 남동생과 한 학년이 되어 경쟁상대로 혹은 가장 친한 친구로 아버지의 사랑의 회초리도 맞아가면서 똑같은 대우를 받으며 앉은뱅이책상 앞에 앉아 있게 되었다.

문과에 소질이 있었던 나와 이과에 소질이 있었던 동생과 한 학년이었기에 선생님들의 비교 대상이 되기도 했던 우리는 연년생 찐 남매였다. 대학 선택에서 결국 경제적인 이유와 여자애를 객지에 보낼 수 없다는 완고한 아버지의 말씀에 따라 나는 공주 교육대학을 택했고 내 적성에 맞지 않는 교사 생활 5년 만에 결혼과 함께 교직을 떠나고 말았다.

동시에 장남이 아니면서도 효자 아들인 남편 덕에 시댁에 들어와 시집살이 40년. 내가 원하는 삶이 아닌 수동적인 삶에 얽매어 울고 싶어도 울지 못하는, 웃고 싶어도 웃지 못하는 삶의 연속에 중년을 넘어서 노년으로 그저 그럭저럭 사는 무미건조한 삶을 살았다.

모든 것이 내 의지대로 밀고 나가는 패기가 없었던 소극적인 성격 탓이리라! 대학 선택에서도 내 의지만 굳었다면 서울로 진학해서 오랜 염원이던 교수가 되었을지도 모른다.

직장을 내놓고 초등학교 담을 끼고 사는 시댁에 들어와 살면서 담 너머로 학교를 넘겨다보며 얼마나 많은 후회를 했던가! 좋은 일도, 싫은 일도 표정 변화 없이 그저 바쁘게 살면서 못다 이룬 향학열에 늘 지각하는 꿈을 꾸며 내 시간이 아닌 시간 밖을 기웃거리며 평생을 보내는 여자로 백발이 성성한 노년에 깊숙이 접어들었다.

이제는 향학열도 기력도 모두가 남의 일인 양 멀리 떠나보냈고 그저 오늘 하루도 건강하게 잘 살았구나! 자위하며 사는 것에 스스로 만족하며 살 줄 아는 노인이 되었다. 추우면 추운 대로, 더우면 더운 대로,

힘들 때 참고, 기쁠 때 좀 웃고, 주위 사람들에게 친절하게 이해하고 양보하며 살고 싶다. 슬픔의 등도 쓰다듬다 보면 애정이 느껴진다는 것을, 나이를 먹어가면서 터득하게 되니 매사에 감사한 마음이 든다.

스승과 제자

'선생님 ○은 개도 먹지 않는다'는 옛말이 있듯이 교직의 길은 고달프다. 그러기에 수많은 제자를 길러낸다는 일에 선생님들은 보람과 긍지를 느끼며 산다.

교사인 남편에게도 아끼는 제자들이 많다. 30년이 넘는 세월에 거쳐 나간 수많은 제자 하나하나 모두 사랑스럽고 아끼지 않는 제자가 있으랴만 졸업한 지 20여 년이 지났어도 유난히 남편을 따르고 남편도 아끼는 제자들이 있다.

C고등학교 일 학년 때 담임을 했던 20여 년 전 제자 몇 사람인데 그들은 고교 시절 친했던 친구들로서 20년을 한 해도 거르지 않고 몇 명이 같이 명절 때면 잊지 않고 스승의 집을 찾는다. 학생 시절 공부를 특별히 잘한 것도 아니고, 가정이 부유한 학생도 있고 어려운 학생도 섞인 5명의 친구는 사회성이 좋아 대학 졸업 후 모두 직장인이 되었고,

각자 결혼을 할 때면 여자 친구를 인사시키고 선생님께 주례를 원했으며 아이를 낳은 뒤에는 내외와 아이까지 데리고 오는 그들의 나이도 40을 바라보게 되었다. 처음에는 제자들 몇이 어울려 오다가 결혼한 뒤로는 부부 동반해서 찾아주는 그들의 정성이 어디 보통인가!

해마다 커가는 아이들이 제 부모와 함께 절하는 모습을 흐뭇하게 바라보는 남편을 보는 내 마음도 그 못지않게 흐뭇하다. 손자손녀처럼 아기들을 안아주고 얼러주고 좀 커서는 세뱃돈을 주며 행복해한다.

또 한 팀은 비평준화 지역의 Y고교 제자들인데 그들 또한 6명이 꼭 함께 온다. 아직 결혼 전인 제자들도 있고, 결혼을 해서 아기들이 있는 제자들도 있다. 아직 경제적인 기반이 잡히지 않은 서른 살의 제자지만 열심히 선생님을 찾아준다. C고교 제자들과는 달리 소소한 문제점을 가지고 있는 제자들이지만 지금은 성실한 사회인, 직장인이 되어 있다. 공부를 잘하는 제자거나 못하는 제자 구분 없이 사랑으로 일관했던 남편의 제자 사랑이 통해서일까. 오히려 공부를 잘해서 좋은 직장에 다니는 C고교 제자들보다 더 열심히 선생님을 찾아왔고 남편 또한 이 제자들에게 더 많은 애정을 느끼는 것 같았다.

지난 3월 초 남편이 승진을 했다고 이 Y고교 제자들이 우리 부부를 초청했다. 많은 사람들로부터 축하를 받았지만, 남편은 이 제자들의 축하를 제일 기뻐했다. 제자들이 보내준 난 화분을 이리저리 바라보며 기쁨을 감추지 못하는 모습을 어찌 표현해야 할까. 학년 초인 데다 새로 부임한 학교라 몹시 바쁜데도 그들의 초청에 흔쾌히 응했다. 축하 케이크를 자르며 그들은 3학년 시절로 다시 돌아간 듯 그 시절 얘기에 바빴다. 학교 담을 뛰어넘다 들켰던 이야기나 처음으로 술과 담배를 입에 대었던 일, 가출을 꿈꾸며 방황했던 얘기. 그때마다 사랑과 감화로 자신들을 감싸주었기 때문에 오늘의 자신들이 있다고 하나같이 입을 모았다. 자신들의 위상이 정립되면 더 좋은 곳으로 모시겠다는 그들의 진심을 읽으며 나는 선생님의 아내 자리를 행복해했다.

촌지나 체벌로 선생님들을 끊임없이 도마 위에 올려놓고 난도질하던 현실은 체벌 금지를 법령화했고 체벌 대신 벌점을 주어 학교에서 봉사를 하게 하는 요즈음의 세태는 너무 삭막하다. 잘못을 저질렀을 때 종아리를 한 대 때리고 다시 어루만져 주는 모습과 냉정한 벌점으로 점수를 주는 삭막함은 비교가 된다. 종아리를 때리는 일은 옛일이고, 어쩌다 체벌한 교사를 고소해 법정에 서게 하는 학부모나 학생이 있는 시대가 되었고 나아가서는 제자가 스승을 구타하는 어이없는 일까지 매스컴에 보도되고 있는 한심한 시대에 우리는 살고 있다. 이처럼 어둡고 쓸쓸한 교육 현실에도 참스승과 제자는 존재한다는 기쁨이 더욱 크다.

꿈

 나는 꿈을 자주 꾼다. 늦도록 잠들지 못하고 뒤척인 날은 여지없이 꿈속을 헤매다 깬다. 애매 몽롱하거나 이것저것 뒤섞어 꾸는 꿈이 아닌, 선명하면서 줄거리가 끊어지지 않고 총천연색 영화를 보듯이 꾸기 때문에 아침에 깨어나도 선명히 기억이 된다.
 이런 날도 있다. 컬러 TV가 보급되기 전 총천연색으로 이어지는 꿈이었는데, 기차를 타고 수학여행을 가는 꿈이었다. 벼가 황금물결을 이룬 들판과 빨갛게 불타는 산을 지나고 강을 지나는 너무나 아름답고 즐거운 꿈이라서 한창 달리다 말고 깨어버린 것을 아쉬워하며 다시 잠이 들었을 때 신기하게도 그 꿈은 계속 이어져 꾸어지는 것이었다. 전국 방방곡곡을 돌아온 밤새 꿈꾸고 깨어난 후 나는 그 꿈을 오래도록 잊지 못하고 되새기곤 했다.
 학교 시절, 수학여행을 갈 때면 수학여행을 못 가는 아이들 중에 늘

끼었던 나의 간절한 바람이 잠재의식 속에 꼭꼭 숨어 있다가 흰 머리칼을 날리며 지금도 나타나는가 보다.

나는 또 지각하는 꿈을 자주 꾼다. 언제나 지각을 해서 내가 다닌 교육대학으로 가는 냇가를 헐레벌떡 뛰어다니며 안타까워한다.

꿈은 수면에 의해서 의식이 약해졌을 때 무의식 속에 갇혀 있던 자기의 모습이 마음의 심층을 열고 그 틈새에서 줄줄이 새어 나와 나타난다고 한다. 그러고 보면 나는 늘 하고 싶은 공부를 더 하지 못한 소원이 학교에 늘 지각하는 꿈으로 나타나는 듯싶다.

가난한 가정에서 맏이로 태어나 밑으로 연년생 남동생과 그 밑에 두 살 터울의 남동생 하나 그리고 내리 여동생 넷을 더해 7남매가 모두 학교에 다니던 시절, 한 살 터울의 남동생이 나와 한 학년이어서 대학도 같이 들어가게 되었다.

둘을 4년제 대학에 들여보낼 경제적인 여유가 없으셨던 아버지는 혼자 많이 고민하시는 듯했다. 그때만 해도 아들 선호 사상이 심한 시절이었지만, 나이 30에 얻은 맏딸을 몹시 사랑하셨던 아버지께서는 아들만 선뜻 4년제 대학에 보내겠다는 말씀을 못 하시고 걱정만 하시는 눈치셨다.

더구나 나의 학교 담임 선생님께서 집에까지 찾아오시어 서울대 사범대학에 보내면 돈도 별로 들지 않는다고 적극 권유까지 하시니 아버지의 고민이 얼마나 크셨을까! 등록금도 문제가 되겠지만 객지로 보내는 딸이 더 염려스러우셨을 것이다.

대학 교수가 되고 싶다는 욕망이 너무나 간절했으나, 나 스스로 포기하고 교육대학에 원서를 내고 말았다. 맏이로서의 사명감과 고생하시는 부모님의 모습이 늘 안타까웠기 때문이다.

몇 년의 직장 생활을 하다가 결혼을 하고 생활에 얽매여 산 지 몇십 년, 문득 되돌아보고 너무도 해놓은 일이 없음을 절감하고 비감에 젖어 울었다. 공부를 더 하고 싶다는 꿈만 꾸었지, 실제로 부딪쳐 보는 노력과 끈기, 신념이 없었다. 소심하고 겁쟁이인 나는 손도 내밀어 보기 전에 실패를 두려워하며, 해보기도 전에 겁을 먹고 고개를 내밀려다 목을 움츠려 다시 넣어버리곤 했기 때문이다.

나이 80을 바라보는 지금도 내가 남보다 뒤처졌다 생각할 때면 지금도 지각하는 꿈을 꾼다. 남들이 열심히 강의를 듣고 있는 강의실에 땀을 뻘뻘 흘리며 뛰어들거나, 이미 하교해 버린 텅 빈 강의실에서 발을 구르며 안타까워하기도 한다. 어느 때는 시험지를 받아들고 단 한 가지의 답도 쓰지 못한 채 백지를 앞에 놓고 씨름하다가 깨기도 한다.

몸이 약하고 불면증이 있는 나는 꿈을 꾸지 않는 날이 손가락으로 꼽을 정도다. 물론 공부하는 꿈이 아닌 가지각색의 꿈도 꾼다. 궁궐 같은 큰 집으로 이사하는 꿈, 유년과 소녀 시절을 보낸 고향 초가집 마당 한가운데 있는 우물물을 길어 올리기도 하고, 엄마랑 동생들이랑 올망졸망 모여 앉아 식사를 하던 가난한 옛 두레상도 꿈꾼다. 때로는 돌아가신 아버지가 선명히 꿈에 보이고 불효한 자식의 죄스러움으로 엉엉 울기도 한다. 더러는 아이들과 남편의 꿈도 꾸고, 내가 가르친 아이들과 운동장에서 뛰어노는 꿈도 꾼다.

가끔 꿈을 꾸고 깨어난 아침에 지인들에게 꿈 얘기를 하면 "아직도 어린애라서 크느라고 그런 꿈을 꾸는가 봐"라고 놀려댄다. 내게는 정말 그 꿈들이 허황한 꿈으로만 던져버릴 일이 아닌데도 말이다.

돈도 명예도 없이 평범하게 살다가 소리 없이 땅에 묻혀야 할 범속한 인생살이에 때때로 강한 회의를 느낀다.

그러나 어떤 위대한 목표도 조그만 일에서 차츰 길이 트임을 믿고 있다. 의지와 신념의 약함으로, 살아온 바쁜 일상 탓으로, 또한 나의 재주 '없음'으로 지금껏 이루지 못한 꿈, 내 작은 꿈을 버리고 싶지 않다.

"생각하는 것이 인생의 소금이라면 희망과 꿈은 인생의 사탕이다. 꿈이 없다면 인생은 쓰다"고 한 '리들'의 말을 절감한다.

"오랫동안 땅 위에 엎드려 있던 새가 한번 날면 높이 날아간다. 사람도 이와 한가지로 힘을 기르는 시간이 길면 길수록 한번 일어서면 힘차게 활약하게 된다. 먼저 핀 꽃은 먼저 진다. 남보다 먼저 공을 세우려고 조급히 서둘 일이 아니다. 생명이 긴 일은 그만큼 준비도 길어야 한다." 라는 '채근담'의 말처럼 서두름 없이 한 계단 한 계단 밟아 올라가야 되리라 생각된다.

이제 강의를 듣고 학문을 하는 것만이 꿈을 이룰 수 있다고는 생각지 않는다. 미미한 업적이나마 이루어 놓은 시인의 길을 꾸준히 걸으며 땀 흘리며 진실하게 사는 삶. 그 자체가 나의 꿈이요, 희망이라고 생각한다.

나의 여름나기 작전

여름에는 더위를 피해 어디로든 떠나고 싶다는 생각이 드는 계절이다. 파도가 일렁이는 푸른 바다를 찾아 유람선을 타고 뱃전에 부서지는 물보라를 맞으며 갈매기의 날갯짓을 바라보고 싶다든가 낙조 비끼는 서쪽 하늘의 장엄함을 가슴에 담아두고 싶은가 하면 숲이 울창한 계곡의 깊은 가슴에 안겨보고 싶기도 하다. 산 밑에 옹기종기 모여 앉은 옛 고향 동네를 찾아들어 원두막에 앉아 수박과 참외를 먹으며 어린 시절의 참외 서리를 떠올리고 밤에 과수원의 원두막을 지키며 짐승의 울음소리에 놀라던 추억을 꺼내보고 매미 소리가 정적을 깨는 산사에 찾아들어 불심에 젖어 들어 보고 싶기도 하다.

여름은 생각만 해도 가슴이 부푼다. 남녀노소 나이를 따질 필요가 없이 꿈꾸고 낭만에 젖을 수 있다. 적당히 풀어지고 공중에 애드벌룬을 띄운 듯, 한껏 들뜨는 계절이다.

그러나 나는 산도 바다도 찾지 않는다. 제철을 만난 물고기처럼 바다로, 산으로 몰린 인파들 속에서 부대끼며 스트레스를 받고 비지땀을 흘림이 얼마나 많은 시간과 힘을 낭비하는지 알기 때문이다.

우리는 많은 것을 잃으면서 살아가고 있다. 소녀 시절의 순수한 꿈을 찾으려 추억의 앨범을 뒤적여 본다. 나는 여름날의 아름다운 추억 하나를 가졌다. 가슴 깊이 묻어둔 순하고 깨끗한 기억 속의 사람을 불러내 더위를 잊는다.

고등학교 2학년 때의 여름날, 학교 교지에 실린 나의 단편 소설 「하늘」이란 원고를 들고 교실로 찾아온 Y. 그는 우리 학교가 부설된 대학의 영문과 학생으로 부속 고교의 교지를 맡아 편집하고 있었다. 글 내용이 너무 맑아 한번 보고 싶어 찾아왔노라는 그의 사람 좋은 함박웃음이 있었던 후 우리는 대학의 문학 행사에 곧잘 어울리는 좋은 선후배, 오빠 그리고 아저씨였다.

그가 대학을 졸업하고 군에 입대하여 휴가를 나왔을 때 우리 모교 교정의 벤치에 앉아 인생과 문학을 얘기하며 새운 여름밤. 앉은 자리에서 뿌옇게 밝아오던 새벽과 찬란히 떠오르던 태양을 바라볼 때의 황홀을 추억으로 껴안고 여름을 난다.

또 한 가지 방법은 우리 집 열세 평 지하실에서 시와 수필 인생에 대해 사색하며 더위를 잊는다. 아무리 더운 여름날에도 지하실은 서늘하여 에어컨이 필요 없으니 금상첨화가 아닌가. 내 영혼의 맑은 샘물을 퍼 올리기도 하고, 아득한 날 기억 저편에 흘러간 세월도 만나보고, 책 속에 숨겨진 진실을 찾기 위해 물고기처럼 유영하며 기교나 억지가 없는 투명한 마음을 그리고 싶다.

글쓰기는 내가 좋아서 선택한 일, 글을 쓸 때 느끼는 두려움과 좌절에 빠질 때면 "늘 입는 셔츠처럼 입어 버려라"라는 미국의 사회학자 '모리 스위치' 교수의 말을 내 것으로 소화해 내기 위해 노력한다.

　질그릇처럼 투박하면서도 그 속에 눈물과 해학과 페이소스가 담긴 글을 쓰며 여름을 나리라.

은사님은 떠나시고

이슬비가 구진하게 내리는 일요일이다. 잔뜩 찌푸린 하늘에서는 금방 소나기라도 쏟아질 것 같다.

문득 10여 년 전 돌아가신 은사님 생각이 난다. 비가 오는 날이면 우산도 없이 빗속을 한없이 쏘다니던 젊은 시절이 있었던가 싶게 까마득한데, 비 오는 날 떠나신 은사님 생각이 나는 걸 보니 아직도 내게 낭만이란 것이 남아있었나 보다.

당뇨병으로 고생하시다가 끝내는 합병증으로 정년을 앞둔 이른 연세에 세상을 뒤로하고 휘이휘이 손을 내저으며 떠나신 H 교수님.

소탈하시고 정열적인 시인이자 국문학 교수이시던 그 분은 남의 어려운 일에 늘 앞장서 주셨고, 그 숱한 제자 한 사람 한 사람의 장점을 기억해 내시어 칭찬의 말씀으로 지도해 주시던 참스승이셨다. 나를 포함한 중고, 대학까지의 동창들에게는 교수님이라기보다는 선생님이라는 칭호가 훨씬 친근하게 느껴지는 분으로 근엄하기보다는 사심 없는 사랑으로 제자들 앞에 다가와 계신 분이셨다.

선생님과의 만남은 50여 년 전 중학교 시절로 거슬러 올라간다. 공주사범 병설 중학교 2학년 초 공주사범대학을 갓 졸업하신 선생님은 우리 학교에 첫 발령을 받으시어 우리 반 담임을 맡으셨다. 한 학년에 여학생 한 반, 남학생 한 반뿐이었던 우리 학교의 학생들은 충남뿐 아니라 전국에서 시험에 합격해 들어온 우수한 학생들이었다.

초임 발령을 받아오신 선생님은 키가 후리후리 크고 쌍꺼풀진 검고 큰 눈에 이목구비가 뚜렷하시어 외국 배우 누군가를 닮았다고 자타가 공인하던 분이셨는데 감수성이 예민한 사춘기 시절의 여학생들에게는 인기가 많으셨고 존경의 대상이셨다. 모든 제자들을 긍정적인 시선으로 바라보시며 활달하신 선생님은 수업을 아주 재미있게 해주셨고 말씀을 특히 잘하시어 우리들은 국어 시간을 좋아했다. 글쓰기를 좋아하던 내게는 더욱 존경스러운 분이셨다.

언젠가 가정방문을 오셨는데 중학동 쪽지골 골목 안에 있는 가난한 초가집 함석 대문을 밀고 들어오시면서 "남향집이라 따뜻해서 참 좋구나." 하셨다. 제자의 부끄러움을 미리 헤아린 넓은 마음을 지금도 잊지 못하고 있다.

그 후 군에 입대하셨다가 제대 후 내가 다니던 공주사범대학 부속 고등학교로 발령을 받아 오셔서 다시 선생님께 국어를 배우게 되었다. 그런데 공교롭게도 고등학교를 졸업하고 공주교육대학에 입학하자, 선생님께서는 교육대학으로 자리를 옮기시어 나는 또다시 선생님께 현대문학 강의를 듣게 되었으니 중학교, 고등학교, 대학까지 나는 그분의 제자가 되고 선생님은 나의 스승님으로 계시게 된 셈이다.

고교 시절에는 학교 교지를 맡아 하시는 선생님 일을 도와드렸고, 대학에서는 학보사 기자가 되어 주간이신 선생님 가르침을 받으며 학보를 만드느라 수시로 교수실을 드나드는 애제자였던 셈이다. 그런데 대부분 여제자가 그렇듯이 졸업 후 10여 년을 찾아뵙지도 못하다가 겨우 문단에 나오면서 중견 시인이신 선생님을 가끔 뵐 수 있는 영광을 누렸는데 영영 뵐 수 없게 되다니….

사제 관계는 인간과 인간과의 관계에 있어서 지극히 높고 아름다운 관계이다. 그러기에 군사부일체라 하지 않는가. 제자가 잘되는 것을 자기 일보다 더 기뻐하시는 훌륭한 스승을 모신 나는 분명 복된 제자임에 틀림없다.

언젠가 모 방송국의 '시인의 사랑'이란 프로에 내가 초대되어 며칠 동안 고향 공주와 모교 그리고 은사님을 찾게 되었을 때 선생님께서 해주신 좋은 말씀과 기뻐해 주시던 모습만이 비디오테이프에 남아 내 눈시울을 젖게 한다.

버릇을 안고

'세 살 버릇 여든까지 간다'라는 속담이 있다. 이 말은 길들여진 버릇이 얼마나 고치기 어려운 것인가를 말해 주는 얘기다.

아기가 세상에 태어날 때는 백지와 같다. 자라면서 그 백지 위에 점을 찍고 줄을 긋기 시작하며 그림을 그리고 색칠을 한다. 그림을 그리다 잘못 그리면 지우게 되는데, 지우게 되면 자국이 남아 백지만이야 하겠는가. 그러기에 어머니 뱃속에서부터 배우는 태교라는 것이 있다.

우리 어머니들이 임신을 하게 되면 마음가짐, 몸가짐을 바르게 하여 정서적으로 안정되고 품성이 바른 올바른 아이가 태어나기를 기원하는 것이다. 그리고 커가면서 바르고 좋은 버릇을 들이려 부모들은 노력하는 것이다.

좋은 버릇이거나 고쳐야 될 버릇이거나 사람들에게는 한두 가지씩의 버릇이 있기 마련이다. 나에게도 몇 가지의 버릇이 있다.

나의 성격은 지나치리만치 소심하다. 아마 못났다고 해야 옳을 게다. 무슨 일이든 그 자리에서 완벽한 해결을 보지 못하면 안절부절 견디기 어렵다. 나에게 손해라는 것을 뻔히 알면서도 그냥 양보해 버리고 뒤로 물러나서라도 즉시 해결을 해버린다. 아마 급한 성격에 연유한 것이리라.

또한 지나친 결벽성이 있어 어려서부터 목에 무엇이 걸린 듯 침을 삼키지 못하고 자주 뱉었다.

마음이 초조할 때나 걱정이 있을 때는 손등으로 입술을 문지르거나 콧등을 손으로 문지르는 버릇, 어디를 가려고 나설 때면 좀 전에 화장실을 다녀오고도 또 화장실에 들러야 하는 버릇 때문에 관광 여행 중에는 휴게소 화장실마다 인사를 드려야 된다.

그러나 무엇보다도 고질적인 버릇은 건기침을 하는 일이다. X레이 검사 결과는 이상이 없는 데도 언제나 목이 간질간질 마른기침을 하고 싶어진다. 병원에서는 건성 후두염이라던가. 신경성, 습관성이라 하며 집으로 돌려보내기 일쑤다.

30에 낳은 첫딸인 나를 위해 아버지는 검은깨 기름을 짜서 대두병째 직장이 있는 객지로 들려 보내며 걱정을 하셨고, 병원도 전전했지만 이상을 발견할 수 없었다.

그렇게 몇십 년을 잘 살고 있으니, 습관성이라는 의사의 얘기가 틀린 말은 아닌 듯싶은데 "감기 들었느냐?" "기관지가 나쁘냐?"는 얘기를 흔히 들었다. 40kg 남짓의 가녀린 몸매에 건기침을 간간이 하니 그런 의심을 받을 수밖에 더 있겠는가.

나이가 들어서는 젊어서 싫어하던 운동을 일주일 내내 하고 있어 말랐지만, 강단이 있어 보여 위의 질문들을 덜 받는 편이긴 하지만….

이 모두가 소심한 성격 탓인 듯싶다. 대범하지 못한 성격으로 40여 년 시집살이에 쌓인 스트레스와 무엇엔가 쫓기고 있는 것 같은 불안감, 매사에 소신 있게 밀고 나가지 못하는 나약함 때문이리라.

나는 안다. 나의 버릇들을 고치려면 마음이 우선 바다처럼 넓어져야 한다는 것을…. 모든 것을 긍정적인 시선으로 바라보며 이해하고 용서해야 된다는 것을. 그러면 마음이 좀 더 여유로워지고 느긋해져서 조급함도 덜해질 것이다. 하지만 타고난 성격을 어찌 고칠까. 나는 아마도 위의 버릇들을 껴안고 늙어갈 것이다.

딸의 남자 친구

 숨죽이며 함박눈이 내리고 있다. 평화롭고 아름다운 밤이다. IMF 한파도, 매서운 한겨울 바람도, 고즈넉하게 내려 쌓인 하얀 눈 위에는 가까이 다가서지 못할 것 같다.
 남자 친구를 우리 부부에게 처음으로 인사시키겠다고 말한 딸애는 지금 무슨 생각에 잠겨 있을까!
 매사에 사려 깊고 말수가 적으며 분명해서 부모인 우리가 신경 쓸 일을 하지 않는 자립심이 강한 아이, 갓 태어나면서부터 많은 식구들 틈에서 이리 뒹굴 저리 뒹굴 여러 사람 손에서 컸다. 대가족의 시집살이 하느라 제대로 챙겨 젖을 먹이고 기저귀를 갈아줄 시간이 없었기에 아이는 울기도 많이 했다.
 초등학교, 중학교에 다니는 동안 반장을 도맡아 했고, 중학교 때 전교 1등 자리를 놓치면 밤새워 우는 오기도 부렸다. 그렇다고 남자답게

씩씩했다는 얘기는 아니다. 목이 조금만 파진 옷도 입기를 부끄러워하는 지나칠 정도로 여자다운 아이였다. 코스모스처럼 가녀린 몸매로 밤을 새워 글을 읽고 공부하는 딸아이를 지켜보면서 안쓰러워했던 중고시절이 지나고 대학 생활을 하는 동안 사귀는 남자 친구 하나 없어 은근히 걱정이 되기도 했는데 졸업 무렵에 한 친구를 사귀는 눈치더니 그 친구가 졸업을 앞두고 대기업 H그룹에 공채로 취직이 되자 정식으로 인사를 오겠다고 얘기를 하는 것이다.

학교에 다니는 동안 남자 친구를 사귀지 못하면 노처녀 되기가 십상이라고 과년한 딸을 둔 친구들의 걱정을 심심치 않게 들어온 터라 내심 반갑고 안도감이 느껴진다.

전화 목소리는 가끔 들어왔고, 사진은 한 번 본 적이 있어 대강은 짐작하고 있지만, 정말 어떤 사람일까? 궁금하다. 성격은? 가정환경은? 부모님은? 모든 것이 궁금하고 걱정도 된다. 그러나 어련하려고! 매사에 세심하고 사려 깊은 딸의 성격을 알고 있으니 믿음이 갔다.

만나기로 약속한 날 오후 6시. 우리는 넉넉하게 시간을 남겨두고 약속 장소에 도착했다. 애들 둘을 키우며 맨 처음으로 소개받는 자리라서 가슴 설레고 기대도 많이 되어 가슴까지 두근거렸다.

애들이 나란히 우리 앞에 서는 순간 어쩌면 저렇게 비슷할까! 키는 후리후리 크고 날씬한 귀공자 타입의 그 애와 키는 보통 키에 날씬한 딸아이가 너무 잘 어울린다고 생각되었다.

둘을 앞에 앉히고 저녁을 사주고 차를 사주면서 표현하기 어려운 감회와 친근감이 드는 것은 머잖아 우리의 사위가 될 것이라는 기대와 긍정적인 바라봄의 결과이리라.

"어른들께서도 너를 좋아하시니?"라고 묻자

"아버님, 어머님도 무척 귀여워해 주시고 좋아하셔요!"라는 딸애의 말을 들으니 갑자기 서운한 마음에 왈칵 눈물이 쏟아지려 했다.

딸자식은 출가외인이라 했던가. 처음으로 딸의 입에서 내가 아닌 다른 사람에게 '어머님'이란 호칭을 들으니 당황스럽고 혼란스럽기까지 했다.

새삼 친정어머니 생각이 난다. 30여 년 전 지금의 남편을 처음 만나 물불 안 가리고 열을 올릴 때는 옆도 뒤도 돌아볼 틈이 없었다. 그저 앉으면 남자 친구의 얘기만 했다. 철없고 눈치 볼 줄 모르는 딸의 한마디 한마디에 서운함이 없었을까만 한 번도 불평불만이 없이 덩달아 칭찬만 해주시던 어머니였다.

평소에 말씀이 없으셨던 어머니셨지만, 겉으로 드러내지 않는 정으로 큰딸과 사위를 아끼고 사랑하시는 어머니의 깊은 은혜를 내 딸이 성년이 되어 결혼을 앞두고 있으니 이제야 새삼 깨닫는다.

이 세상에 태어나고 자라서 결혼을 하고 자식을 낳고 길러 다시 결혼을 하고 늙은 부모님들은 세상을 떠나고 다시 자식이 태어나는 어길 수 없는 순환의 법칙 앞에 숙연해진다.

함박눈이 소리 없이 내려 쌓이는 행복한 겨울밤에.

6·25와 생일

　좀처럼 잠이 오지 않는다. 남편도 잠줄을 놓친 것인지 자꾸 뒤척인다. 나는 가만히 일어나 주방으로 가, 냉장고 속의 물건을 다시 점검한다. 가지고 갈 물건들을 품목별로 정리해 차에 실어놓았고 몇 가지의 밑반찬만 냉장고 속에 넣어 두었다. 내일 꺼내 실을 수 있도록 비닐봉지에 싸서 넣어 둔 반찬들이 여전히 새벽이 오기만 기다리고 있다. 내일이 결혼해서 첫 번째 맞이하는 딸의 생일이다. 그래서 우리 내외는 딸을 보러 가기로 했다.
　일찍 퇴근한 날이면 딸의 빈방에 가서 우두커니 서 있거나, 더러 눈물을 애써 감추던 남편도 마음이 들떠서 가지고 갈 물건들을 빠짐없이 챙겼느냐며 채근을 하더니 잠이 오지 않는 모양이다.
　문득 10여 년 전 나의 생일을 챙겨주기 위해 음식을 해서 이고 오셨던 친정어머니 생각이 난다. 우리 딸애가 고등학교 다닐 때였다. 학교에서 돌아온 아이의 간식을 준비하고 있었는데 남편한테서 전화가 왔다. 서울에서 장모님이 내려오시어, 역 대합실에 계시니 빨리 마중을 나가라는 전화였다. 그때가 결혼 생활 20년째였으나 시집살이를 하기 때문에, 무슨 행사가 있을 때면 식장에만 오셨다가 되짚어 가시곤 해서 친정아버님은 생전에 큰 딸네 집에 한 번도 와 보시지 못하고 돌아가시어 가슴에 한으로 남아, 어머니도 그러시면 어쩌나 걱정을 했는데 어머니가 오셨다니 너무나 기뻐 한달음에 달려갔다. "6월 25일이 네 생일 아니냐? 6·25가 났던 생일날 아침도 못 먹고 산골짝 방공호로 피신했던 생각이 갑자기 나서 이번에는 내가 한번 생일을 챙겨주고 싶어 왔다" 하시면서 눈물을 글썽이셨다.

가난했지만 우리 7남매 생일을 꼭 챙겨주시던 어머니. 1950년 6·25가 났던 그날은 나의 6번째 생일이어서 미역국을 막 먹으려고 하다가 집 뒷산의 방공호로 피신을 하게 되었다. 그때 우리 집은 시골 산 밑이었기 때문에 다른 데로 피난을 가지는 않았다. 정황 중에 우리를 피신시켜 놓고 어머니는 비행기 소리가 뜸한 틈을 타서 집으로 음식을 가지러 가셨다. 그걸 참지 못하고 혼자 어머니를 찾아 나섰던 나는 쌩쌩거리며 하늘을 나는 비행기를 신기하게 바라보고 있다가 길을 잃었고 울면서 한나절을 헤매다 정신을 잃었다. 방공호와 반대 방향 골짜기에 쓰러진 나를 찾으신 어머니의 놀라움이 얼마나 컸을까! 지금도 길눈이 어두운 나는 길을 헤맨다. 그때마다 그때 일이 생각나 어머니께 죄스럽다. 20대 꽃다운 나이였던 어머니는 이제 파파 할머니가 되어 40을 넘긴 딸자식의 생일을 챙겨주기 위해 음식 보따리를 싸 들고 오신 것이다.

이제 내가 늙은 어머니가 되어 친정어머니의 사랑을 대물림하려 한다. 시집간 딸의 생일을 챙겨주기 위해 밑반찬을 만들고 무엇이든 좋은 것이 있으면 쓰지 않고 두었다가 가져가려고 싸놓고 보니 친정어머니 생각이 더욱 간절하다. 요즘 북한의 서해상 침범으로 함포를 동원한 교전과 치열한 남북 대치가 이어진 상황이라 6·25가 터지던 날의 생일이 더욱 생각난다.

  잠은 영 오지 않을 모양이다. 밤을 꼬박 새운다 한들 어떠랴. 사랑의 대물림을 위해 딸을 보러 가는데….

살림꾼

 동네 고물 장수 아주머니가 보이지 않은지 며칠째, 오늘 아침에야 그녀가 교통사고를 당하고 병원에 누워 있음을 알았다. 두 내외가 동네를 돌아 고물을 모아서, 살고 있는 셋집 옆 골목에 쌓았다가 며칠에 한 번씩 고물상으로 실어 가곤 했다.
 지하 월세방에 살면서 동이 트기 전부터 리어카 하나씩을 끌고 골목골목을 돌며 대문 앞에 내놓은 고물을 수집하여 파는 억척을 보이더니, 어쩌다가 사고를 당했을까. 신호등이나 속도를 무시하고 달리는 새벽의 무법자 탓은 아닐까. 그들이 수집해 쌓아놓은 헌 신문이나 박스를 비롯해 가전제품, 솥이나 헌 냄비 등을 보면 늘 옛 생각에 잠기게 된다.
 30년 전 내 고향 공주의 중학동 쪽지골 골목에는 양은 장수 키다리 아저씨의 목소리가 제일 먼저 봄을 알리곤 했다. "양은그릇 사려, 양은그릇!" 비스듬히 열어놓은 양철 샆짝이 흔들릴 정도로 크고 기운찬 목소리가 골목을 울릴 때마다 동네 아낙네들은 행주치마에 손의 물기를 닦으며 하나둘 모여들었다. 아이들이 엿을 사먹겠다고 들먹이던 헌 그릇이나 고추씨 등을 들고 나와 무게를 달아보고 값을 매겨 그 값에 맞는 새 그릇을 가져가는 아주머니, 값이 모자라면 돈을 보태서 사가기도 한다. 양은솥, 양은 냄비 심지어 국자, 젓가락을 만져보고 뒤져보고 하다가 그냥 돌아서기가 서운한 듯 외상으로 사들이는 아주머니도 있다. 우리 어머니도 예외가 아니었다. 헌 그릇과 고추씨를 주섬주섬 모아가지고 나가시더니 얼마 뒤에 햇빛에 하얗게 빛나는 밥통을 사들고 들어오셨다. "그런 못 쓰게 된 그릇을 가지고 이렇게 새것과 바꿀 수 있어요?"라고 여쭈어보면 "주머니에 있는 푼돈까지 전부 털어놓고 샀다"시며 흐뭇한 표정을 감추지 못하시고 그릇을 쓰다듬으시곤 했다.

"살림은 이렇게 장만하는 거지, 목돈 주고 사기는 힘든 것이다"라고 말씀하실 때는 정말 '살림꾼'이란 실감을 느끼지 않을 수 없다.

양은 장수는 한 겨울만 빼고는 공주 장날 이튿날이면 어김없이 골목에 나타났다. 그럴 때마다 동네 아주머니들이나 우리 어머니는 수저 한 쌍이라도 사놓으시곤 했다. 돈을 전부 주고 사는 것이 아닌 고물을 알뜰살뜰 모았다가 새것과 바꾸는 것이다.

그런데 지금의 세태는 어떤가. 하천 변이나 고속도로 변, 골목골목에 버려져 있는 가전제품들, 멀쩡한 응접세트나 의자 등 마구 버려지는 쓰레기 때문에 골치를 썩고 있는 사정이 아닌가.

이제는 다시 6·25 이후 최악의 경제 위기를 맞아 지하철 구내에서 노숙하는 실업자, 퇴직금을 사기당한 명퇴자의 얘기가 남의 일만은 아니다. 아직 실업 사태의 맛보기일 뿐. 금융권, 대기업 구조조정, 한계 기업들의 도산 사태가 계속될 것이다. 겉으로는 21세기를 눈앞에 둔 화려함이 여전하지만, 속으로는 1960년대 어려운 때와 무엇이 다를까. 다시 30년 전 '살림꾼' 소리를 듣는 우리 어머니들이 많아지기를 바란다.

 길거리에 버려진 물건은 무엇이든 모아 다시 쓰도록 분류해서 팔며 열심히 살던 고물 장수 아주머니가 빨리 완쾌되어 IMF 시대를 사는 우리의 모범을 보여주길 기도한다.

한가위를 맞아

　추석을 앞둔 장날이다. 햇곡식에 햇과일 등 풍성한 가을걷이들이 도로변까지 넘쳐나고 있다. 명절을 앞둔 탓인지 우리의 마음도 설레고 따뜻해진다. 차례상을 차릴 준비로 새벽부터 재래시장을 찾는 주부들의 발길이 바쁘다.
　닷새에 한 번씩 서는 장날. 사라져 가는 옛것들 중의 하나인 재래시장이 아직도 건재하고, 재래시장을 활성화시켜야 한다는 목소리가 높아져 깨끗하게 단장되어 가고 있는 재래시장을 바라보는 우리의 가슴은 훈훈하다. 또한 재래시장에서 쓸 수 있는 상품권까지 발행되고 있음은 반가운 일이 아닐 수 없다. 현대 문명에 길들여진 젊은 부부들이 노점상 앞에서 오밀조밀한 채소를 사는 모습은 아름답다.
　옛날 우리들 젊은 시절에는 차례 준비로 바쁜 중에도 어머니는 밤을 새워가며 화롯불에 인두를 꽂아놓고 다림질하면서 밤새워 한복을 지어주시곤 했다. 그 옷을 떨쳐입고 명절이면 30리 길을 걸어 외할머니 댁에 인사 갔던 기억이 우리 나이 또래면 누구에게나 있으리라. 단지 옷뿐이겠는가. 차례 음식도 모두 손수 만들어야 했다. 두부나 강정, 술, 과자까지도 집에서 만들어야 했으니 그 수고로움이야 이루 말할 수 없지만, 우리의 농산물로 만든 토종 음식을 먹을 수 있었다. 그러나 지금은 몸은 편해진 대신 제수용품 대부분이 수입품이고 우리 것이라 해도 믿을 수 없는 세태가 되었다.

귀성하는 사람들을 노린 사기행각이 도처에서 일어나고 있음도 안타까운 일이다. 기차표를 인터넷상에서 공동 구매하려다 떼었다는 뉴스가 터지고, 인터넷 경매 사이트에서는 암표상들이 극성을 부린다.

대가족이 한자리에 모여 차례 음식을 장만하며 적조했던 동기간의 안부를 물으며 정담을 나누던 일들이 점점 사라져 가고 있다. 제사 음식조차 전문점에 맡겨서 사다 놓고 제사를 지낸다. 그러고는 부모님들이 자식을 기다리던 마음 한 귀퉁이도 채우지 못한 채 복잡한 귀성 차량을 피하기 위해 성급히 고향집을 떠나가는 현실이다.

상제로서 장례나 기복을 정중히 하고 조상의 제사에 정성을 다한다는 뜻의 신종추원(愼終追遠)이란 구절의 설명에 "인간의 뿌리를 찾아 섬김은 당연한 도리이며 자연의 섭리다"라고 했다.

오직 명절이 되어야 자식 한 번 볼 수 있는 우리의 부모님들. 명절을 손꼽아 기다리는 아이들처럼 자식들을 기다리는 부모님 마음을 헤아리고, 우리의 고유한 명절을 맞아 오늘이 있기까지 우리의 선조들을 생각하며 옛 풍습을 기림을 축복으로 여겨야 한다.

매일 아침 일어나 세끼 밥을 먹고 똑같은 일을 하는 일상에 지루함과 싫증을 느끼며 보다 즐거운 일, 기분 좋은 일이 없나? 사람들은 탈출을 꿈꾼다. 대박을 꿈꾸며 로또 복권을 사고 주식으로 패가망신하고 자살로 생을 마감하는 일도 심심치 않게 일어나고 있다. 그러나 우리 곁에 조용히 머무는 일상의 소중함을 깨닫고 어려운 이웃을 돌아보고 나눔을 실천할 수 있는 마음가짐 또한 중요하다고 본다.

우표 없는 편지

아카시아 향기가 코끝을 간질이는 5월입니다. 어린이날, 어버이날, 스승의 날 등 행사가 줄줄이 이어지는 5월은 가정의 달이기도 합니다. 다양한 행사에 현수막이 걸리고 언론들이 각종 행사에 부채질하고 있는 때 스승의 날을 맞아 불현듯 은사님을 생각합니다.

초등학교 때부터 대학까지 많은 은사님을 모셨지만, 스승의 날이면 유독 생각나는 분, 이석영 교장 선생님! 초등학교 6학년 때 교장 선생님이셨으니 벌써 40년도 더 전의 일이고 살아 계신다면 90은 더 넘으셨으리라 생각됩니다.

〈TV는 사랑을 싣고〉에서 옛 은사님을 찾는 유명인을 보면 유명인이 되지 못한 제가 부끄럽고 그들이 한없이 부럽습니다.

충남 공주시 금학초등학교. 소극적이고 수줍음이 많았으며 체격이 자그마한 저는 선생님들의 사랑을 참 많이 받는 어린이였습니다. 스승님들의 눈에 귀엽고 사랑스럽지 않은 제자가 있겠습니까만, 저는 특히 귀여움을 받는다 생각했고 감사한 마음이었습니다. 특히 교장 선생님께서 무척 귀여워해 주셨지요.

언젠가 겨울이라 생각됩니다. 교실의 난롯가에 쭉 둘러서 있다가 뒤에 서 있던 남자아이의 실수로 제 손바닥을 난로에 덴 적이 있었습니다. 그때 마침 저의 교실에 계셨던 교장 선생님께서 저의 손바닥에 약을 발라주시며 안쓰러워하시던 모습이 잊히지 않고 있습니다.

선생님들 말씀을 잘 따르고 공부도 잘했던 저는 특히 그림을 잘 그려서 대외적인 상도 많이 탔고, 그런 저를 부모님 못지않게 자랑스러워하시며 사랑을 주셨던 교장 선생님을 저는 무척 존경했습니다. 아니 저뿐이 아닌 모든 어린이가 그 시절에는 스승님을 존경하며 말씀 한마디 한마디를 어려워하며 따랐던 순수함이 있었습니다.

그런데 지금의 현실은 어떻습니까. 교육의 수요 급증으로 교육이 변질되어 가고 있는 것은 사실입니다. 전통적으로 존경받는 교사상은 떨어지고 사제관계도 허물어져 학생들 앞에서 스승은 돈을 벌기 위한 직업인 이상은 기대할 수 없게 되었습니다.

스승의 날이 가까워지면서 스승 존경심을 불러일으키기보다는 언론들이 교사의 부정적인 요소만을 들추어내 매도하고 있어 사기가 저하된 교사들을 더욱 움츠러들게 하고 있습니다. 일부 몰지각한 선생님들이 야기하는 촌지나 체벌을 전체 교사들의 일인 양 왜곡 보도하는 매스컴이나 극성스러운 학부모들의 지나친 이기주의에서 나온 불미스러운 일들. 이제는 교육 현장에서 학생이 스승을 구타하는 사건까지 이루어지고 있는 현실입니다.

교사들은 스승의 날을 오히려 부담스러워하고 있으며 교직이 천직이라는 사명감과 자긍심을 갖고 있던 교사들은 저하된 사기를 추스르지 못한 채 속속 교단을 떠나는 사태가 벌어지고 있습니다.

'스승의 그림자도 밟지 않는다', '군사부일체', '스승의 은혜는 하늘과 같다'는 얘기들은 이제 추억 속의 아련한 안개처럼 희미해져 버렸습니다.

교장 선생님! 회초리로 종아리를 맞으면서도 스승님을 하늘처럼 존경하던 옛 시절이 그립습니다. 어느 하늘 아래 살고 계신지요? 제 나이 이제 40여 년 전 교장 선생님 연세가 되어 은사님을 간절히 그리워하면서 우표 없는 편지를 띄웁니다. 꼭 한번 뵙고 싶습니다.

이삿짐을 싸며

한 달 정도 남은 이사를 앞둔 지금, 나는 눈을 뜨면 오늘은 또 무엇을 정리해야 하나 곰곰 생각해 본다. 이곳 유성으로 이사 온 지 18년, 어느새 20년 가까운 세월을 유성 사람으로 살며 이곳 작은집과 손때 묻은 가구들에 정이 들어서인가 버릴 물건들을 골라 놓았다가 다시 집어넣길 몇 번씩 하며 시간을 축내고 있다.

시집살이가 거의 끝나갈 때쯤 유성구 구암동 대우 푸르지오 아파트를 분양받아 부푼 가슴을 안고 이사를 와 조금은 홀가분해진 마음으로 열심히 운동을 하며 산 시간들이다. 아파트에서는 산악회가 결성되어 참 열심히 등산을 다녔다. 평생 여행을 마음대로 다니지 못했던 내게는 날아다니고 싶을 만큼 활력 넘치고 기대되는 등산 동호회였다. 그렇게 나는 날고 싶을 만치 희망에 부풀어 있었고 마치 젊은 시절을 다시 만난 듯했는데, 남편의 위암 판정으로 좌절의 늪에 빠졌고 다시 꿈을 잃고 방황하는 가냘픈 한 마리 새가 되고 말았다. 생애 처음으로 아파트 당첨이 되었다고 좋아하던 남편의 부재는 모든 것을 누군가에게 의지하지 않고는 매사를 결단 내리지 못하는 성격인 나를 그 아파트에서 떠나게 했다. 남편의 손길이 닿지 않은 곳이 없는 아파트에서 덩그러니 혼자 남아 있기가 너무 힘들었기 때문이다.

늘 지나고 나면 만족하지 못하고 후회하면서 결단력도 없는 성격인 나는 그럭저럭 그래도 열심히 운동은 하면서 살았기에 80대에 들어선 지금까지도 가냘픈 몸 치고는 건강하게 산 셈인데 이제는 몸 이곳저곳에서 신호를 보낸다. 지난해부터 심하게 와버린 허리 협착과 디스크는 나의 일과를 병원 방문부터 하게 만들었고 면역력이 떨어진 탓인지 아니면 활성 산소 때문인지 피부 가려움증이 나를 은근히 괴롭힌다. 무엇보다 힘든 것은 매사에 자신이 없어지고 어떤 모임에서나 단체 운동을 하는 곳에서도 자신이 없어지는 것이다. 괜히 주눅이 들어 겸손해지고 스스로 나 자신을 낮추는 비굴함까지 생긴다. 그러고는 속에서는 부글부글 이게 무슨 꼴인가 실소를 금할 수 없지만…. 해서 어느 순간 다시 사는 곳을 바꿔 보기로 했다. 옛날과 현대가 공존하는 중구로 다시 귀의한다. 결혼해서 몇십 년을 산 곳. 시집살이 중에도 신혼 시절을 보내고 아이들을 낳아서 가르치고 청춘을 보낸 곳으로….

젊은 시절 교사 첫 발령을 받았을 때 인생을 장기 여행하는 셈 치고 1년에 한 번씩 학교를 옮겨 다니던 옳지 못한 버릇이 다시 생긴 것인지 모르지만 나는 이사를 앞두고 있다. 그런데 젊은 시절처럼 설레지도 않고 기대에 차지도 않는다. 매사에 걱정이 많아지고 혼자 감당해야 하는 일들에 많은 부담을 느낀다. 기다리는 마음이 초조하고 겁이 나기도 한다. 그러나 나는 또 해낼 것이다. 우선 묵은 짐들부터 정리해야겠다. 신줏단지 모시듯 버리지 못하는 몇십 년이 된 책들도 과감히 정리를 해야 되겠고, 몇 년씩 입지 않고 옷장에 걸어 둔 옷들도 정리를 해야 되겠다. 이제는 도저히 신을 수 없는 뾰족구두도 버려야겠고 무엇보다도 버려야 할 것은 아직도 마음을 지배하고 있는 욕심을 버리는 일이 우선인 것 같다. 진부하지만 무에서 무로 돌아가는 것이 인생이 아니던가.

친정어머니

최자영 2수필집

2부
내 영혼 사랑의 사리 되어

한복

내가 알고 지내는 어떤 분에게 그의 외국인 친구가 "한국 사람이 한복을 입을 때는 언제인가요?"라고 물었을 때 무의식적으로 "명절 때나 회갑 때 그리고 죽어서 관에 들어갈 때나 입지요"라고 대답하고 몹시 후회했노라고 술회하는 소리를 들었다.

한국 사람이 우리의 고유 의상인 한복을 일 년에 한두 번 입을까 말까 하는 정도라니, 그 외국인이 어떻게 생각했을까 몹시 부끄러웠다는 그 분의 얘기를 들으며 나 또한 반성을 하지 않을 수 없었다.

지난해 친정 조카의 결혼식이 있을 때 일이다. 지방에서 버스를 타고 올라가야 된다는 번거로움만 생각하고 한복을 준비해 가지 않은 채 양장을 하고 갔다가 다른 동생들은 모두 한복을 입고 왔는데 유독 나만 빠져서 가족사진을 찍을 때도 뒷줄에서 숨다시피 어색해했던 생각을 하면 지금도 부끄럽다.

한복은 우리 고유의 전통 의상이면서도 입으면 활동이 불편하다는 이유와 머리 모양, 속옷, 신발까지 격식을 갖추어야 된다는 번거로움 때문에 잘 입지 않게 되고 또 입어 버릇하지 않은 습관 탓에 쑥스러워서 입지 못하기도 한다.

친척이나 자녀의 결혼 등 특별한 날이 아니면 입을 기회가 없어 길에서나 어느 모임 장소에서 한복을 곱게 차려입은 사람을 보면 자꾸 눈길이 간다.

20여 년 전 내가 재직하고 있던 학교의 졸업식 때의 일이다. 20여 명 여직원 중에서 세 분만 곱게 한복을 차려입고 식장에 참석했는데 그 우아하고 기품 있는 모습에 매료되어 나머지 여직원들은 찬사의 눈길을 보냈으며 윗분들도 은근히 권하시는 눈치였다.

해서 이번 설 명절에는 장롱 깊숙이 넣어둔 한복을 꺼내 손질했다. 서툰 솜씨지만 동정을 다시 달고 구겨진 옷자락을 다림질하며 50여 년 전 내 어릴 때 명절을 떠올려 보았다.

울안의 앙상한 고욤나무 가지를 찬바람이 흔들어대는 설 가까이 되면 밤새워 설빔을 지으시는 어머니 턱 밑에 앉아 등잔불에 머리를 그을리며 어머니와 함께 꼬박 밤을 새우곤 했다.

지금처럼 시장에 가면 금방 사 입을 수 있는 한복이 있었던 것도 아니고 양장이나 예쁜 옷들이 흔한 것도 아니어서 그때는 으레 어머니가 지어주신 한복을 떨쳐입고 할아버지, 할머니, 부모님, 친척들 그리고 동네 어른들께도 일일이 세배를 다녔다. 그러기에 여러 형제자매의 설빔을 지으시기 위해 어머니는 몇 날 몇 밤을 새우셔야만 했다.

밤잠이 없었던 나는 일하시는 어머니를 바라보며 기다리는 일이 즐거움의 하나였지만 밤낮없이 일에 묻혀 사시는 어머니는 얼마나 힘드셨을까. 등잔불 밑에서 화롯불에 인두를 꽂아놓고 인두판을 무릎 위에 놓은 채 설빔을 지으시던 어머니의 젊은 모습을 떠올리니 다시 어린 시절로 돌아가고 싶은 간절함으로 가슴이 두근거린다.

색동저고리에 빨강 치마를 날아갈 것처럼 해 입히고 앞뒤로 바라보시며 대견해하시던 어머니는 노인 인구가 해마다 는다는 이 좋은 시절에 80도 사시지 못하고 가시어 불효한 일곱 남매의 목을 메이게 하신다. 시집살이를 핑계로 병석에 계실 때도 자주 찾아뵙지 못한 것을 생각하면 너무 가슴이 아파 산소에라도 가보고 싶지만, 그것도 마음뿐 실천을 못 하고 있으니, 가슴만 답답할 뿐이다.

아이들 결혼식 때 장만한 한복도 장 속에 깊숙이 넣어두고 몇 년이 지나도 입지 않고 청바지에 티셔츠, 양장만을 선호한다. 나이가 많고 적고를 불문하고 성형수술이 성행하며 너나없이 몸매 가꾸기에 정신이 없는 시대다.

"병이 서로에게 전염되는 것과 같이 예의도 서로 보고 따라서 배운다"라고 베이컨은 말했다. 요즈음 사람들은 의복에 대한 예의를 지키지 않는다. 남을 전혀 의식할 필요가 없다는 식의 자기도취에 빠져 때와 장소, 계절에 맞지 않는 옷을 입고 다니며 두르고 머리에 쓰고 몸에 칭칭 감고 다니는 사람들을 본다. 개성의 시대라고는 하지만 개성보다는 유행을 너무 좇는다는 생각이 든다.

한복을 입을 때는 장신구도 그 한복에 맞추어 입어야 품위가 있다. 여성의 경우 노리개, 지환, 주머니, 비녀, 댕기 등이 있다. 남성의 경우에는 단추, 부채 등으로 멋을 내면 한결 고풍스러운 한복의 멋을 느낄 수 있다. 키를 커 보이게 하기 위해 한복 치마 속에 굽 높은 구두를 신는 경우가 있는데 한복에는 버선코의 아름다운 선을 살리는 고무신을 신어야 한다. 또한 한복을 입고 외출할 때는 두루마기를 입는 것이 예의다.

문화유산은 지키고 보존할 때 가치가 있다.

얼음장 밑으로 봄이 온다는 2월, 매운바람이 옷 속을 파고드는 봄이라기에는 아직 이른 음력 정월 보름이지만 머잖아 두꺼운 옷은 한 꺼풀씩 벗겨지리니.

꽃샘바람에 날리는 한복 치맛자락을 살짝 걷어쥐고 고궁이나 기념관을 찾아보자. 옛 선조들의 지혜를 더듬으며.

내 영혼 사랑의 사리 되어

어머니 비로도 치마폭같이 깊고 그윽한 밤에 뜰에 내려서 아직 잠들지 않고 숨 쉬는 것들을 조용히 바라봅니다. 잠든 만상을 굽어보고 서 있는 가로등. 그 가로등을 받들고 서 있는 전봇대의 큰 키가 쓰러질 듯 서 있는 모습이 애처롭습니다. 오랜 세월 어린이들 도화지 위에 늘 보초병처럼 서서 동심을 지켜주고 새들의 그넷줄이 되던 전선이 머잖아 땅에 묻힌다지요.

문명은 하나씩 우리 곁에서 향수를 떼어가지만, 우리들 가슴에 묻힌 사랑만은 떼어가지 못해 별들의 초롱초롱한 눈빛, 창백한 조각달을 보면서 또 당신을 생각합니다. 번개가 부딪치는 일순의 빛남으로 당신의 불꽃은 꺼졌지만 30년 세월을 태운 재는 앙금으로 가라앉아 나의 불꽃은 끌 수가 없습니다.

운명이라고밖에는 말할 수 없는 우리들의 만남. 나 자신을 기만하지 않아도 되고 터지는 웃음과 나오는 눈물을 감출 줄 모르던 철부지 시절 내 앞에 나타난 서글서글한 목소리의 당신. 선한 눈망울 앞에서 까만 교복 단추를 만지작거리던 만년 소녀! 그날 이후 당신은 나의 아저씨였고 선생님이었고 오빠였습니다. 교복을 벗고 교정을 떠나고 단발머리가 긴 머리가 되어도 나는 여전히 철없는 어린애, 미세한 바람에도 나부끼는 이파리였지요. 모교 교정의 벤치에 앉아 새운 여름밤, 그 밤의 순수를 잊을 길이 없습니다. 유독 반짝이던 별빛과 발등 가득 쏟아지던 달빛을, 새벽의 싸하고 신선한 공기를…. 어깨에 걸쳐주던 당신의 군복과 티 없이 맑은 웃음도. 우리는 참으로 많은 이야기를 했습니다. 한밤을 다 지새우다 못다 한 이야기들이 샘에서 물이 솟듯 솟아나 우리 가슴에 강을 만들고 바다를 만들었습니다. 우린 그 바다 한가운데 섬처럼 떠서 동쪽 하늘에 빨갛게 떠오르던 장엄한 태양을 바라보았지요. 그때의 희열을 기억하고 계신지요? 그 부신 빛살에 던져 넣던 우리들의 무언의 맹세 "사랑합니다. 끝없이 사랑합니다."

그러나 우리들은 똑같이 수줍은 사람들이었어요. 서로의 마음을 내비치지 않은 채 가슴 속 말 한마디 하지 못하고 각자의 둥우리를 찾아 떠났습니다. 겹겹이 둘러쳐진 울타리 속에 안주해 행복한 웃음을 살로 찌우며 중년의 고갯마루를 향해 거드름의 질척한 늪 속에 빠져들고 있습니다. 늘 얼굴에 잔잔한 미소를 띠며 예의를 지키고 윤리, 도덕에 나를 짜맞추며 위선에 길들여지고 있습니다. 점잖은 사모님, 여사님으로 성장해 가고 있습니다.

하지만 이렇게 별들이 가까이 있어 잠이 오지 않는 밤이면 나의 사유는 적나라한 원래의 모습으로 줄달음치는 것을 막을 길이 없습니다. 밤은 그 빛깔이 검으면서 천연색의 많은 빛깔을 내재한 마술사입니다.

자신의 감정을 고삐에 단단히 매달아 놓고 절제하며 살아야 하는 낮 동안의 보통 여자에서 탈바꿈할 수 있는 시간입니다.

풍문에 들리는 한 가닥 소문에도 가슴 저리게 연연하면서 살던 어느 날 우린 다시 만나게 되었지요. 소식 모른 채 살아온 10년 세월은 우릴 성숙한 어른으로 만들어 놓았습니다. 견우직녀가 되어 일 년에 한 번씩 만나 차를 마시고 거리를 걷고, 가족의 안녕을 웃는 낯으로 이야기하는 참한 바다였습니다. 그러나 그 바다는 활화산을 품고 있었어요. 어느 순간 바다 한가운데서 번개가 부딪치는 순간적인 빛남을 보았습니다. 그 뜨거운 열기 속에서, 천둥소리에서, 아아 나는 무참히도 보고 말았습니다. 30년 동안 다져온 당신의 불덩이가 쏟아져 나가고 있음을 - 그렇습니다. 고백하는 순간에, 그 황홀한 불덩이는 한 줌 재가 되어 강물에 띄워졌습니다. 그러나 나의 불은 끄지 못했습니다. 더욱 뜨겁게 타오르고 있습니다. 나도 모르게 당신을 닮아가고, 당신을 통해서 세상의 모든 일들이 의미가 있습니다. 향기와 빛깔을 가질 수 있습니다. 길을 걷다가, 일을 하다가, 혼자 책을 읽다가 문득 떠오르는 사람. 피 흘리고 아파하며 사모의 정은 물처럼 흘러갑니다. 당신으로 하여 슬픔의 의미를 알고 미움의 의미도 알았습니다. 참고 견딤의 미덕을 배웠습니다.

늘 고통스럽다고만 생각하지 않겠습니다. 늘 아파하지만은 않겠습니다. 한 성취를 위하여 많은 것을 버리고 무수히 자결하지 않으면 안 되는 우리, 새로운 기다림에 가슴 부풀리며 아득한 회색의 밤 커튼을 열어야겠습니다.

밤은 사랑에 갇힌 새에게 용기를 주는 힘이 있나 봅니다. 사치스러운 허울을 벗어던질 수 있는 힘을 줍니다.

서로 만나고 거리를 걷고 얘기하며 마주볼 수 있는 눈에 비치는 세계만이 전부가 아님을 알고 있습니다. 아카시아 향기 속에 실려 오는 초여름의 너그러움 앞에 '승화'라는 두 글자를 써넣어 당신을 영원히 내 가슴에 가두겠습니다.

퇴직 유감

'윤인자'

그녀의 이름은 나를 오후의 나른함에서 화들짝 깨어나게 했다.

2월 하순의 오후 앞마당에 떨어진 지방 석간신문의 교원 인사이동 명단을 훑어보다가 학교 다닐 때 친했던 동창의 '교감 신규 발령'을 발견한 것이다. 이제는 진정되었으려니 여겼던 가슴이 또 방망이질 치고 있음을 알았다. 해마다 이맘때면 신문에 실리는 교원 인사이동 명단에서 친구들의 이름을 발견하며 한 차례씩 혼자 가슴을 앓는 일이 연례행사처럼 되어 버렸다.

손에 쥐어져 있을 때는 귀한 줄 모르다가 떠난 뒤에 아쉬워하며 안타까워하는 이 마음은 무엇일까?

원하는 대학이 아니었다는 이유로, 원하는 직업이 아니었다는 이유로 교직에 있을 때는 늘 불만이었다. 서울에 있는 소위 일류대학에 충분히 진학할 수 있었는데 가정 형편이 어려워 집에서 다닐 수 있는 지방의 교육대학에 진학하게 되었고, 발령을 받자마자 '장기 여행'이라 명명하며 일부러 1년에 한 번씩 5년여를 시골 학교만 전전하다가 결혼과 함께 나의 천직을 헌신짝 버리듯 던져 버렸으니 지금 생각해도 너무 부끄럽다. 길지 않은 직장 생활에 임지를 많이 옮겨 다녔으니 속 모르는 남들은 무슨 문제를 일으키고 쫓겨 다닌 것처럼 생각하지 않을까. 그때는 그런 느낌도 전혀 받지 못했지만, 지금 생각해 보면 참으로 세상을 모르는 철부지이었다는 생각이 든다.

　교직을 내놓고 한 달이 채 되지 않아 시댁에 들어와 살게 되었다. 동이 트기 전부터 일어나 동동거리며 하루 온종일을 부엌과 수돗가를 오가며 사는 것은 생각 밖으로 힘이 들었다. 대가족의 여러 문제에 적응이 되지 않은 상태에서 많은 새로운 일에 부딪쳐야 했고, 6개월도 되기 전에 직장을 내놓은 것을 후회하기 시작했다. 왜 좀 더 애정을 가지고 처해 있는 환경에 적극적으로 임하지 못했던가. 뼈저린 반성을 하기 시작했다. 더구나 우리 집은 M초등학교와 뒷담을 같이 쓰고 있었다. 안방에 앉아서도 수업 시간 차임벨 소리부터 직원 종례 종소리까지 알아들을 수 있을 만큼 귀에 익숙해진 상태다. 집 뒷담 수돗가에서 설거지를 하고 빨래를 하며 수업이 끝난 어린이들의 소나기처럼 쏟아져 나오는 소음도 노래로 들을 수 있을 만큼 세월이 흘렀다. 틈만 나면 담 너머로 넘겨다보며 아이들의 해맑은 웃음과 발랄함을 함께했다. 학교 운동회 연습 때는 옥상에 올라가 같이 뛰는 나를 발견했고, 그럴 때면 혼자 웃기도 많이 했다.

　"당신은 평생 선생을 할 팔자군요." 언젠가 시골 초등학교에 재직하고 있을 때 지나던 도사(?)가 내게 해주던 얘기가 잊히지 않는다.

그렇게 1년, 5년, 10년, 20년 세월을 보내며 친구들이 주임, 장학사, 교감, 교장이 된 소식을 들을 때마다 나만 낙오된 것 같아 혼자 부끄러워하기도 한다. 아직도 교대 동기들은 대부분 현직에 있고, 그들은 나와 같이 집에 있는 친구들을 부러워하고 있으니, 사람은 자신이 처해 있는 환경에 만족할 줄 모르는가 보다.

현직에 있는 친구들은 속 모르고 나를 부러워하기도 하지만, 내가 지금까지 해놓은 일이 무엇인가. 그들은 바쁘게 살면서도 자식들을 일류대학에 합격시킨 친구도 있고, 자신들의 자아실현에도 능한데, 나는 집에 있으면서 애들을 특별히 신경 써 키우지도 못했고 일류대학에 합격시킨 것도 아니다. 그렇다고 마음 편히, 몸 편히 산 것도 아니니 심한 자책이 든다. 그저 똑같은 일상 속에서 반복적인 집안일에 얽매어 50을 바라보는 나이가 되었고, 빠른 속도로 늙어가는 일뿐이다. 후회를 반복하며 반백의 여자로 늙고 있는 나!

그러나 나는 안다. 내색도 못 한 채 술렁이던 이 가슴이 얼마 지나면 다시 평정된다는 것을.

자아 성취를 위해, 혹은 돈을 벌기 위해 현직을 고수하고 있으면서 연구를 거듭하고 있었다면 아마도 처녀 시절 꿈인 박사 대학교수가 되었을지도 모른다.

그러나 아이들에게, 남편에게, 시댁 식구들에게 최선을 다하지 못했다는 자책감에서 헤어나질 못하고 괴로워했을 것이 아닌가. 두 아이는 비록 서울의 일류대학은 아니지만 집에서 다닐 수 있는 우리 지방의 국립대학에 다니고 있으니 하숙비 걱정이 없어 좋고 등록금이 적게 들어 돈 걱정을 덜 시켜주고 장학금도 받아오니 고맙다. 착하고 바르게 자라주었으니 이 또한 고마운 일이 아닌가.

부모님의 사랑을 받고 있는 때는 결코 부모님의 은혜를 모르다가 돌아가신 후에야 땅을 치며 후회하는 일이나 사랑하는 사람을 하찮은 오해나 꼿꼿이 세운 자존심 덕에 떠나보내고 가슴을 앓는 일, 이 모두가 자신이 몸담고 있는 현실에 만족을 모르고 부정적인 시각에서 사물을 봄으로 해서 야기되는 일들이 아닌가 한다.

이제 다시 교단에 선다면 정말 인자한 선생이 될 수 있다는 아쉬움을 갖기보다 현실을 받아들이고 사랑할 일이다.

괴테의 시 가운데 「앉은뱅이꽃의 노래」가 생각이 난다. 들에 핀 조그만 앉은뱅이꽃 한 송이가 어느 날 양의 젖을 짜는 소녀의 발에 밟혀 시들고 만다. 그러나 앉은뱅이꽃은 못된 사내 녀석의 손에 꺾이지 않고 맑고 깨끗한 처녀에게 짓밟힌 것을 행복하게 여기며 꽃으로 태어난 보람을 느낀다고 했다. 모든 것은 생각하기 나름이고 긍정적으로 사물을 바라볼 때 비로소 행복해짐을 실감하게 해주는 시다.

모아 놓은 돈도 없고 지금까지 환하게 웃으며 즐겁게 살아오진 못했지만, 한결같이 흐르는 물줄기는 오늘도 변함없이 흐르고 앞으로도 끝없이 흘러가겠지. 지나고 나면 지금이 그래도 행복했음을 알게 되리니 평범한 나를 사랑하고 아끼며 더 훗날 오늘을 아름다이 추억할 수 있기 위해 좀 더 열심히 살리라.

엉덩이 청소

 마룻바닥에 철퍼덕 앉은 채 엉덩이를 밀며 빗자루질을 한다. 청소기가 없는 것도 아니지만, 구부리고 서 있기가 불편해 앉은 채 엉덩이를 밀며 빗자루질을 하는 것이 편하기 때문이다.
 앉아서 청소하는 광경을 경이로운 눈길로 바라보던 때가 엊그제인데….
 자신과 자만에 차서 그들을 바라보는 내 딱한 눈빛에 경멸이 혹여 차있지 않았을까. 여유로운 웃음으로 방관자처럼 굴던 내가 너무 부끄럽고 또 부끄럽다. 70대 후반에 허리가 아파 병원에 갔을 때 "뼈 건강은 15년은 젊게 나와요"라고 하시던 선생님 말씀은 어디로 갔나!
 허리 협착이라 했다. 디스크가 있다고도 했다. 아직 수술 단계는 아니니 꾸준히 물리치료하고 신경 주사도 맞으라 했다. 치료를 계속해도 도무지 나아지지 않는 통증! 이제는 어깨와 허리, 엉덩이까지 아프다.

70 후반에도 댄스 스포츠를 한다고 자만하던 나를 비웃으며 여지없이 자신을 꾸중하던 관절 통증들. 물론 지금도 댄스를 하고는 있다. 불편하지만 아무렇지 않은 듯 노력하며 "그래도 대단해, 언니가 내 롤 모델이야" 60 후반의 늘씬한 여자 회원들의 고마운 위로의 말을 들으며 비참해지는 내 일그러진 웃음의 의미를 아는가!

겸손해야 된다. 체념해야 된다. 인정해야 된다. 아침에 깨어나서 잠자리 들 때까지 수없이 반복하는 이 자성의 목소리에 섞인 비애를 젊을 때는 결코 모른다. 허리 통증과 어깨 통증에 점점 왼쪽으로 기우는 몸 "자세를 바르게 하라"는 요가 선생님의 충고. 댄스 스포츠 선생님의 충고를 100퍼센트 받아들여야 된다. 나도 모르게 기우는 몸, 기울여야 편하기 때문에 수없이 연습해도 왼쪽으로 기울어진다.

사는 일은 아픔이라 했던가. 사는 일은 고행의 연속이라 했던가. 이제 남은 인생은 생생한 젊을 때를 기대해서는 안 된다. 여기저기 아파하며 병원을 드나들며 살아야 되겠지. 혼자 살아도 삼시 세끼 밥은 먹어야 되고 빨래도 해야 되고 청소도 해야 하니 이 청소라도 할 수 있음에 감사해야 하며 의자 위에 앉아 나물을 다듬고 양반다리의 아픔이 느껴질 때는 다리를 뻗고 앉아 쉬어야 하고 쉬는 시간에는 누워서 쉬어야지. 그렇게 충전이 된 몸을 일으켜 걸을 수 있는 거리를 느릴망정 걸어야 된다.

지난해 겨울이 되면서 허리 협착과 디스크가 심해진 탓인지 점점 더 아파졌지만 약 1년여를 참으며 버텼다. 그 결과 엉덩이까지 아파서 정형외과를 찾았다. 느끼는 체감은 큰데 수술 단계는 아니라 하니 다행한 일이 아닌가. 하긴 이 나이에 수술을 한다고 해서 말끔하게 나을 수 있으리라는 기대는 하지도 않지만, 수술한 사람들 대부분이 해도 아파서 힘들다고 하니 선뜻 수술할 생각은 없다. 수술 단계는 아니라니 다행이고 더구나 나이 때문에 퇴행성으로 온 것이라니 어쩔 수 없는 일 아닌가. 그래도 같은 나이 또래보다는 젊게 나온다는 의사 선생님 말씀에 위로가 되어서인지 훨씬 덜 아픈 것 같다. 마음의 병이 크다 하지 않던가. 아픔의 척도도 마음먹기에 많이 좌우된다. 웃으며 긍정적인 마음으로 살만한 세상이라 생각하며 사는 날까지 긍정적인 마음으로 살아야 되리라. 살아 있음에 행복을 느끼며.

딸을 시집보내며

　설렘과 걱정으로 몇 달을 보내고 10월 18일 딸의 결혼식이 다가왔다. 가을로 결혼 날짜를 잡은 지난봄부터 시작된 준비는 이제 이틀을 앞두고 있다.
　아이들이 어리던 젊은 날에는 혼수를 준비하는 주위 사람들을 보며 많은 의문과 회의를 가졌었다. 지극정성으로 길러 공부시켜 시집보내면서 혼수까지 싸서 보낼 필요가 있을까 생각했는데 막상 닥치고 보니 그게 아니었다.
　딸 가진 부모라는 한국 전통 윤리가 걸리고, 딸 하나인데 '불편 없이 살게 해주어야지' 하는 부모의 과보호적 사랑이 고개를 들고, 체면을 차려야 되는 알량한 자존심까지 합세해 남들 하는 대로는 따라가야지 하는 구태의연한 생각과 IMF 시대에 절약해야 된다는 갈등을 수없이 겪으며 할인 매장으로, 대리점으로 몇 번의 순례를 거친 후 가구와 가

전, 주방용품, 한복, 예물들을 사들이기 시작해 모든 것이 예정 가를 넘었다. 그러면서도 미진한 것이 어미 마음이다. 왜 그리 살 것이 많고 할 일도 많은지 허례허식과 형식의 거품이 많음을 절감했다. 예식장 예약으로 시작된 준비는 S시의 전셋집으로 신혼살림을 실어 날라 대충의 정리정돈을 하는 일까지 마무리 지었고 이제 결혼식 당일과 신혼여행 후 시댁에 이바지 음식을 보내는 일로 마무리 지어질 듯하다.

그저 마음이 바쁘고 걱정이 되면서 좋기도 하고 서운하기도 했다. 처음 하는 일이라 많은 시행착오도 있었다. 딸이 하나 더 있으면 좀 더 잘할 수 있을 텐데 하는 아쉬움도 남는다.

딸애가 터를 잡고 살아야 될 S시에 살림을 옮겨놓고 밤늦도록 정리정돈하며 쓸고 닦고 치우는 모습을 바라본 남편이 "너의 엄마는 일하는 것이 몹시 즐거운 모양이다"라고 놀렸다. 그랬다. 새벽 5시에 일어나 짐을 싣고 3시간 이상을, 차를 타고 가서 여러 어려움을 겪으며 가전과 가구들을 받아들이고 집안에 짐을 옮긴 후에도 쉼 없이 일을 했다. 그런데도 그 일이 힘들거나 싫지가 않았다. 내 집이라고 다독이며 피곤한 줄 모르고 일하는 딸아이의 모습을 보며 흐뭇하면서도 이제는 스스로 모든 일을 하며 가정을 꾸려가야 할 딸이 안쓰럽기도 했다. 이제 한 가정을 이루어 반복되는 자잘한 일상에 파묻혀 살아야 하리라.

문득 30여 년 전 나의 신혼 시절이 떠오른다. 힘든 세월이긴 했지만, 이제는 아련한 추억으로 가슴 한쪽을 아름답게 채우고 있다. 신혼이 엊그제 같은데 벌써 장모가 되다니. 장모님이라 불러주는 사위에게 처음에도 어정쩡한 대답으로 얼버무렸는데, 처음 보았을 때의 어색함은 어디로 가고 갈수록 정이 가고 예뻐 보인다. 그래서 '사위 사랑은 장모'라 했는가.

짐을 싸 보내면서도 또 줄 것이 없는가. 주방으로, 다락으로 뒤지고 다닌다. 미진한 점이 많다. 이제 부족한 것들은 둘이 살아가면서 사랑으로 채워 비둘기처럼 가꾸어 가기를 간절히 기도한다.

3월

봄이 왔다. 유치원에서부터 대학까지 새 학년 새 학기를 맞아 학생들이나 선생님들 모두 들뜬 춘 3월이다.

황량한 빈 들에 빈 마음마저 겹쳐 더욱 을씨년스럽던 짧은 2월은 구정, 봄방학, 졸업식까지 있어 어수선하고 더욱 짧게 지나가 버렸다. 한 학기를 마감한 학생들은 겨울의 끝자락을 잡고 흔들다 보냈고 선생님들은 전보 내신을 내놓고 기다리는 초조함으로 2월을 듬성듬성 보내 버렸다. 이제 모든 것이 다시 제자리를 찾아 시작되는 3월이다.

3월!

입속으로 가만히 불러보아도 생기 넘치는 경쾌함이 느껴진다. 학교에 입학한 신입생들의 가벼운 발걸음과 새로운 학교로 부임한 선생님들의 기대와 의지가 엿보이는 모습에서 문득 나의 재직 시절을 본다.

1966년 초봄, 대학을 갓 졸업하고 초임 발령을 받아 어머니와 함께

넘던 대치고개 지금은 대치터널이 뚫렸지만, 그 시절에는 험준한 고갯 길이었다. 단화에 바지 차림의 학생 티를 벗지 못한 단발머리 교사 초년생은 어머니가 요모조모 챙겨주신 밑반찬에 어머니의 사랑 주머니를 싣고 기대감에 부풀어 험준한 고개를 넘었다.

그렇게 시작된 나의 교직 생활은 학년이 끝나는 이듬해 2월이 되면 다시 옮겨갈 곳을 꿈꾸며 잠을 설치곤 했다. 한곳에 오래 근무해 좋은 근무 성적을 받아 도회지 근무를 원한다거나, 승진을 하기 위한 점수 따기에는 도무지 관심이 없었던 철부지 여선생은 그저 시골구석을 찾아다니며 새로운 자연과 접하고, 새로운 어린이들을 만나 설렘으로 늘 근무하고 싶다는 생각에 나의 원에 의한 전근을 다녀 이력서 칸을 어지럽게 메웠다.

지금 생각하면 부끄럽고 어리석은 짓이었는데, 왜 학년말만 되면 옮겨 다니고 싶어 했을까!

'장기 여행'이란 사치스러운 명분을 내걸고 시골 학교로만 전전하다 끝나버린 교직 생활에 얼마 전까지만 해도 많은 미련이 남았었는데, 이제는 아련한 추억 속에 묻어두고 있다.

2월 한 달 동안 새로운 근무지를 꿈꾸며 내신을 냈던 선생님들이 학년이 끝나는 봄방학과 함께 민족 대이동을 하듯 자리를 옮기고 새로운 학교에서 새로운 학생들과 새로운 의지를 꿈꾸기 시작하고 신규 발령을 받은 선생님들은 떨림과 설렘을 안고 나름의 꿈을 펼치기에 바쁜 달! 3월이 싱그럽게 일어선다.

처음으로 가족과 떨어져 산골 학교 주변의 초가집에서 자취를 하면서 맛보던 고독감과 자유로움이 30여 년이 지난 지금 새롭게 떠오른다. 무엇이든 처음이 제일 인상에 남고 잊혀지지 않는 법. 초임지 학교에서 첫 번째 담임했던 1학년 아이들이 그립다. 그들의 나이도 이제 불혹을 바라보고 있으리라.

3월은 시작되는 달이다. 1년의 처음은 1월이라 해도 학교의 입학식이나 회사의 신입사원 입사 등 대부분 3월부터 시작된다. 봄, 여름, 가을, 겨울 4계절의 시작인 봄이 3월이기 때문이다.

빈 들이 들썩인다. 잔설이 남아있는 산골짜기도 기지개를 켜기 시작한다. 얼어붙었던 산골 물이 흐르기 시작하고 우리 어깨를 짓누르던 두터운 오버코트가 벗겨지면서 IMF 한파도 서서히 물러나기 시작한다.

3월은 새로운 희망과 활기가 넘치는 달이다.

보통 사람

　시어머니 친구분 중에 의사 아들과 며느리를 둔 할머니가 한 분 계시다. 80이 되신 노인이신데 '이 좋은 세상 10년만 젊어도' 하면서 나이 든 것을 한스러워하시는, 늘 호주머니가 두둑해 다른 친구들의 부러움을 사시는 분이신데, 하루는 큰 며느리를 데리고 할머니 옷을 사러 백화점에 가셨다. 그런데 시어머니 옷은 싼 것만 대충 고르고, 자기 옷은 몇십만 원씩 하는 옷을 고르자, 심사가 뒤틀린 할머니는 며느리가 골라준 몇만 원짜리 옷은 장 속에 처박아 두고 양장점에서 새로 맞추었다는 얘기를 듣고 그 시어머니에 그 며느리란 생각이 들었다.
　물론 젊어서 혼자되어, 두 아들을 공부시켜 의사와 교사를 만드느라 옷 한 번 제대로 해 입지 못하고 평생을 지내신 분이니, 늙음이 한스럽고 고급 옷이 입고 싶으시리라.
　40대 중반에 들어선 며느리 또한 어느 정도 기반 잡힌 가정형편에 아들들도 다 크고, 주름이 잡히기 시작한 거울 앞의 얼굴을 보면서 더 늦기 전에 멋을 내고, 고급 옷을 입고 싶은 심정은 이해가 간다. 그러나 젊은 시절의 고생이 노후의 안락과 부를 가져왔음을 자각한다면, 더욱 근검절약하는 생활 습관을 아들 며느리에게 보여 주어야겠고, 며느리 또한 분수에 맞지 않는 명품은 사치며 허영이라 생각한다.

우리는 온갖 스트레스가 쌓이는 직장에서 바쁘게 뛰며 살아가는 남자들의 축 처진 어깨와 피로한 눈빛을 대해야 하는 보통 사람이다. 위로 올려다만 볼 것이 아니라 내려다볼 줄 아는 생활이 필요하다. 주어진 환경에 순응하며 사는 생활 속에서 나름의 행복을 찾아야 되리라. 행복은 값비싼 보석이나 의상에 있는 것이 아니다.

얼마 전 우리는 결혼기념일에 남편과 외출을 했다. 백화점에서 밍크 목도리를 고르는 남편을 만류해 밍크 꼬리 목도리를 샀다. 그러나 나는 행복했다. 고급스러운 밍크 목도리를 사주지 못해 안쓰러워하는 남편의 마음을 알았기 때문이다.

연일 35도를 웃도는 열대야 현상으로 잠을 제대로 이루지 못하는 더위가 기승을 부리고 있는 요즈음, 만나는 사람마다 피서와 에어컨 얘기다. 그러나 지금 북한의 어린이들은 기아로 죽어가고, 우리나라도 10대 재벌들이 부도로 쓰러지는 경제 위기를 맞고 있지 않은가.

30리 길도 걸어 다니고 가족끼리 서로 양보하며 오순도순 정을 나누며 살던 우리가 언제부터 이렇게 개인 이기주의로 치닫게 되었는지. 어려운 일을 싫어하고 편한 것, 좋은 것만 찾는 일이 비단 젊은이들에게 국한된 일은 아니다.

입속의 사탕도 꺼내 손자에게 먹이던 우리 할머니들 의식도 많이 바뀌어 가고 있다. '내가 살면 얼마나 살겠느냐'며 좋은 것만 주문하는 신식 노인들이 늘고 있어 자식들을 곤혹스럽게 하는 일도 종종 본다. 이 모두가 개인 이기주의 팽배와 사치를 조장하는 사회 풍토가 만들어 낸 병폐이리라.

욕심을 내지 말 일이다. 소중한 것은 늘 우리 곁에 있음을 자각하고 귀하게 여기는 사람이야말로 인생의 보화를 지닌 사람이다.

얼굴

며칠 전 공주 사범대학 부속 고등학교 동기동창회를 가졌다. 서울의 모 호텔에서 남녀 동창들이 모이기로 되어 있는 모임에 참석하기 위해 전국에 흩어져 사는 우리는 서울로 올라갔다. 30년 만에 만나는 동창들의 알아볼 수 없을 만큼 변한 모습을 보고 새삼 세월을 절감하지 않을 수 없었다. 친구들의 주름진 얼굴에서 내 모습을 볼 수 있었으며 흘러간 세월을 읽을 수 있었다.

학교 시절에는 부모님이 지어 주신 얼굴에 큰 변화 없이 순진무구한 모습들이었는데, 학교를 졸업하고 30여 년이 지나가는 동안 우리들은 천차만별의 모습으로 변해 있었다. 사회적인 기반과 원숙미가 풍기는 친구들의 얼굴이 있는가 하면, 세월에 젖어 그늘진 표정과 주름을 성형수술해서 아주 엉뚱한 모습으로 변모된 얼굴도 있었다. 남자보다는 여자들이 대체로 더 늙고 주름이 많았다. 같은 나이인데도 남자들은 사회생활을 하기 위해 부단히 노력하기 때문에 원숙미가 풍기고 중후한 모습으로 변한 면이 많으나 여자의 미는 남자들보다 짧은 듯했다.

그러기에 요즈음은 성형 클리닉이 성행하고 있다. 살을 빼고 주름살 지우기, 나이와 함께 묻어나는 세월의 연륜을 지우기 위해 아깝지 않은 투자를 하고 있는 사람들이 많다. 젊고 예뻐지고 날씬해지고 싶은 욕망이야 나이가 따로 없다. 그러기에 성형클리닉에 사람들이 몰리고 미를 가꾸기 위한 투자에는 남녀노소를 막론하고 아까워하는 사람이 없는 세태와 마사지 숍이 늘어나고 살 빼기 교실이 늘어나고 있음도 어쩌면 당연한 일인지도 모른다.

그러나 얼굴은 마음의 거울이다. 인위적으로 뜯어고치고 가꾼다고 바탕이 변하는 것은 아니라고 본다. 또한 아무리 가꾸고 고친다고 해도 마음이 어둡고 흐리면 얼굴 표정도 흐려지기 마련이고 마음이 즐거우면 얼굴 표정도 밝아진다.

멀리서 바라보면 중후하고 무시할 수 없는 위엄이 있고 가까이 대하면 부드럽고 따뜻하여 모든 사람을 포용할 수 있는 얼굴이 바로 우리가 갖고 싶은 얼굴인 것이다. 그러나 우리는 얼굴을 자유자재로 선택할 권리가 없다. 부단히 노력하고 성실히 인생을 살아갈 때, 남을 위해 선을 행하고 세상을 긍정적인 시선으로 바라보며 남을 미워하거나 원망하기보다는 칭찬하고 아끼며 사랑하는 마음을 가질 때 우리의 얼굴은 원만한 표정이 되고 향기가 숨어있게 되는 것이다.

신토불이

　외제 타령으로 평생을 보내버린 시댁 쪽 친지가 있다. 그녀는 25년 전 결혼할 때도 혼수품이 모두 외제였다. 살림을 시작하면서 생활필수품을 대부분 외제로 구입했으며 수세미까지도 외제를 썼다. 수입 개방이 되지 않았던 시절이라 일명 도깨비시장이라는 외제 골목에서 비싼 돈을 주고 사서 써야만 했다.
　외제를 선호하는 부모 밑에서 가정교육을 받고 자란 그녀는 결혼 후 20년이 지났어도 "이건 외제야" 소리가 말끝에 붙어 다니고 그녀의 생활 태도에 길들여진 가족들도 여전히 외제 속에 묻혀 사는 것을 보면 어느 먼, 딴 나라 사람들처럼 느껴지기도 한다.
　이제는 외제가 우리 상품에 비해 질이 떨어지고 있음을 알면서도 몸에 밴 외제 선호 사상 탓에 외제만 찾고 있는 것을 보면 한심한 일이 아닐 수 없다.

수입 개방이 된 이 시점에서는 구멍가게나 슈퍼, 하다못해 동네 쌀집까지도 수입 상품이 '일본' '호주' '미국' '중국' 등 팻말을 머리에 인 채 자리를 넓혀가고 있다.

고기도 우리 한우 고기의 절반가도 되지 않는 가격에 빨간 눈을 뜨고 우리 앞을 거세게 막고 있으며, '고사리' '양파' '마늘' '우엉' 등 식품들도 우리 것보다 아주 싼 가격으로 팔려나가고 있다. 수입 식품이 우리 농산물에 비해 질과 맛이 떨어짐을 모르는 사람들이 있을까마는 싼 맛에 사게 되고 또 속아서 사 먹고 있으니 우리 농촌은 더욱 피폐하게 되는 것이다.

국제 경쟁 시대에 물밀듯이 밀려드는 수입 농산물에 대처하기 위해서는 우리 농산물 지원 사업을 확대하고, 질 좋은 농산물을 생산하도록 정부는 구체적이고 실질적인 지원을 아끼지 말아야 하며, 농민은 국민이 마음 놓고 사 먹을 수 있도록 유기농법을 써서 농약의 피해로부터 벗어날 수 있는 노력을 해야 되리라. 또한 질 좋은 식품을 보다 싼 값에 사 먹을 수 있도록 유통 구조를 개선하고, 상도덕을 지킬 줄 알아야 한다.

그러나 무엇보다 중요한 일은 소비자들의 의식 개선이 우선되어야 하겠다. 사대주의, 외제 선호 사상에서 탈피해 내 나라 내 민족을 사랑하는 마음이 절실히 요구되는 때이다.

앞서 말한 친지는 우리 몸에 맞지 않는 외제 화장품 사용으로 젊어서부터 여러 차례 얼굴에 부작용이 생겨 고생을 하면서도 생각을 바꾸지 못하고 있으니 생활 습관이 얼마나 중요한 것인가를 실감하게 된다.

부모님이 물려주신 재산으로 하는 일 없으면서 외국산 술에 외제 담배를 피어대는 아버지를 보고 자란 어느 아가씨는 아버지 몰래 양담배를 고등학교 때부터 피우기 시작해 아버지 못지않은 담배광이 되었고 결혼을 약속한 청년의 부모님 반대에 부딪쳐 결혼의 기회를 놓쳐버린 일까지 있다.

우리 몸에는 우리 것이 최고라는 긍지로 우리의 건강을 지킴은 물론 국가 경제를 살리는 일에 앞장서야 하리라.

실패한 사람에게 격려의 한마디를

경축년 소의 해를 맞아 정초부터 가정이나 학교는 정시 모집의 논술이나 면접시험 때문에 초조한 날들이다. 지난 연말 특차 모집에 합격한 학생이나 부모들은 세상을 다 얻은 듯 기뻐했고, 실패한 학생이나 부모들은 노란 하늘을 바라보며 좌절감에 힘들어하는 모습을 보여주었다.

국민학교 6년, 중고등학교 6년을 온통 대학 입시에 맞추며 살아온 우리들의 자녀들이 합격, 불합격이란 두 갈래 길에서 희비 곡선을 안타깝게 그리며 울고 웃는 모습을 우리는 경험했거나 바라보게 된다.

입시 때마다 각 일간 신문에는 수석 합격자들의 프로필이 대문짝만하게 활자화되고 그들의 지난 세월이 미화되고 있지만, 떨어진 학생들에 대한 격려나 위로는 별로 볼 수 없음을 보면서 그들은 더욱 절망하고 허탈감에 젖게 된다. 웃을 수 있는 승자가 전체 수험생의 소수에 불과한데, 패자를 위해서도 용기를 불어넣어 주는 격려 한마디쯤은 있어야 하지 않을까. 그들은 잔뜩 주눅이 들어 자포자기하고 생명까지도 던지는 예를 더러 보아왔다. 그런 자녀들의 눈치를 살피며 지켜보아야 하는 부모들은 합격자들을 위한 좌담이니 비결이니 하며 떠들썩한 환희에 차 있는 신문, 방송을 자녀들이 볼세라, 들을세라 전전긍긍하고 있는 모습이 안타깝다.

어디를 가나 기세 좋게 큰소리칠 수 있는 사람은 공부 잘하는 자식을 둔 부모이고, 그렇지 못한 부모는 뒷전에서 서성이게 마련이다. 자식의 능력이나 적성은 생각지도 않고, 남이 가니 내 자식도 대학에 보내야 된다는 생각이나 일류 대학만 고집하는 욕심에서 무리한 결과가 나오게 된다. 자기의 능력에 맞는 대학에 들어가 착실히 공부하는 과정에서 자기 발전을 꾀한다면, 터무니없이 낙방하여 재수에 삼수를 거듭하며 좌절하는 일은 없어지리라. 또한 뒤로 가든 앞으로 가든 대학만 들어가 놓고 보자는 결과 위주의 사고방식에서 탈피해 과정 중심의 사고로 우리의 의식도 바뀌져야 되리라.

사람의 심리란 늘 잘된 자의 편, 승자의 편에 서서 그들의 자만심을 부추기는 일을 흔히 저지르게 된다. 이긴 사람, 돈을 많이 번 사람, 성공한 사람들의 얘기만 할 것이 아니다. 누구에게나 한 가지 재주는 있는 법, 공부를 못하는 대신에 다른 한 가지 재주에 사회는 관심의 초점을 맞추어야 되겠다. 발명왕 에디슨도 학교에서는 낙제를 하기도 했다. 완벽한 사람은 정이 없고 자기중심적인 사람이 많다. 어딘가 실수가 있는 사람에게, 강자보다는 약자에게, 건강한 사람보다는 장애인에게, 기쁨이 있는 곳보다는 슬픔이 있는 곳에 좀 더 따뜻한 시선을 보내야 되겠다.

정시 모집 합격자 발표를 앞두고 있다. 나의 일처럼 지켜보며 격려하고 실패한 가슴을 어루만져 주어야겠다. 실패한 자만이 그 쓰라림을 알 수 있고 실패의 경험을 거울로 삼을 수 있다. 일 보 후퇴는 이 보 전진을 가져올 수 있다는 사실을 일깨워 주자.

언니는 행복한 사람이에요

"언니는 행복한 사람이에요."

막냇동생의 뜬금없는 전화를 받았다. 7남매의 맏이인 나와는 띠동갑인 막내의 적당히 취한 목소리가 유선을 통해 둔탁하게 들려왔다.

서울에 살던 여동생 4명이 누가 먼저랄 것도 없이 세종시로 이사를 왔다. 나이가 들어서 정년 혹은 하던 일들을 마무리 짓고, 세종시의 변두리로 내려와 근처에 살면서 자주 만나고 나이 들어가고 있다. 시골살이에 푹 빠져 있는 모습이 좋아 대전을 떠나지 못하고 있는 내가 그들을 만나러 자주 가는데, 요즈음 마음이 어지러운 일이 있어 동생들에게 잠시 가서 푸념을 하고 왔더니 막내가 위로의 전화를 한 것이다.

평생을 독신으로 살아온 7남매의 막내로 부모님의 귀여움을 받고 자랐지만, 두 분이 모두 돌아가신 지 오래인 지금, 자녀도 없고 쓸쓸히 살아가며 혼자 술이라도 마시는 날이면 언니들에게 하소연을 하곤 하

는데 이번에는 큰 언니인 내가 막내의 푸념의 대상이 되었다

어려서부터 제일 큰언니인 나와 내 밑의 남동생 둘만이 부모님의 사랑을 많이 받았다. 5대 독자 아버지의 나이 30에 낳은 첫딸인 내가 밑으로 남동생 둘을 보았으니, 옛날 사람인 부모님의 사랑은 극진하지 않을 수 없었다.

나의 대학 시절 '문학의 밤' 행사가 있는 날이면 가운데 여동생을 딸려 보내 지키게 하였다는 동생들의 부러움 겸 성토 탓에 80대가 된 지금도 영문을 모른 채 꼼짝없이 듣곤 한다. 하긴 눈치가 없는 나는 공부한다고 매일 책이나 끼고 앉아서 집안일은 별로 거들지 않았던 듯싶다. 나름에는 동생들을 업어 키웠다고 생각했지만, 아버지 어머니의 자랑거리인 나였으니 동생들 눈에는 가시 같은 존재이기도 했으리라. 나와 남동생 둘 이렇게 셋만 대학을 졸업하고 밑으로 여동생들은 어려운 가정 형편 탓에 제대로 하고 싶은 공부를 하지 못했으니….

그 시절에는 제일 큰 언니는 동생들 때문에 교육을 받지 못하는 것이 통상적인 일이었는데, 우리 집은 거꾸로 되었다고나 할까. 생각하면 동생들에게 미안한 생각이 든다. 이제는 다들 나름대로 자녀들 결혼까지 모두 시키고 잘 살고 있지만, 과거를 추억하면 고통스러운 일들이 많았기에 이해가 된다. 고향 공주를 떠나 서울로 이사를 하게 되면서 경제적으로 궁핍해진 우리 집 어려운 생활을 꾸려가시느라 부모님은 얼마나 힘드셨을까. 그때 나는 결혼을 해서 시집살이를 하고 있었기에 친정에 자주 가보지도 못하고, 고생하시는 어머니 고충도 이해하지 못했다.

그저 시집살이하는 안식구인 나를 안타깝게 바라봐 주는 남편 덕에 고된 시집살이를 견디어 냈고, 자신의 취미를 찾아 시인의 길에 들어서

있고 두 애들이 모두 결혼해서 평범하게 살고 있으니 행복한 일이지 않은가. 그러기에 결혼을 하지 않은 막내의 푸념도 이해가 된다.

사람은 분수를 알아야 한다. 지금의 평범한 일상에 행복을 느끼며 만족하고 감사할 줄 알아야 한다. 친정 부모님과 남편 모두 세상을 떠난 지 오래되었지만, 젊은 시절처럼 힘든 일이 없고 그저 하루하루가 빠르게 가는 것이 안타깝고 여기저기 아픈 곳이 많지만, 마음의 여유를 가지고 매사를 행복으로 여기며 살자.

목욕 문화

　15년쯤 전 다리를 다친 일이 있는데 나이를 먹고 보니 그 다리가 다시 아파져 병원에 가면 의사들은 이제는 목욕이나 자주 하고 아껴서 쓰는 수밖에 없다고 한다. 서글프고 한심한 얘기지만, 어쩔 수 없이 의사의 말대로 목욕탕에 자주 간다.
　그런데 요즈음의 목욕 형태는 옛날과는 아주 다르다. 동네 목욕탕에도 찜질방 시설이 되어있는 곳도 많다.
　더구나 우리 동네는 온천 지역이라 호텔에 딸린 대중탕이 대부분이기 때문에 사우나 시설이나 찜질방 시설이 잘 갖추어져 있다. 그 더운 열기 속에 여자들이 빽빽이 들어앉아 비닐로 복부를 감싸고, 녹차에 얼음을 채워 마시며 땀을 뻘뻘 흘리고 있는 것이다. 사면 벽에 부착된 수도꼭지 앞에 앉아 때를 밀고 있는 사람들은 별로 없고, 몸 전체에 우유나 오일을 바르며 마사지를 하고 있거나 더운물과 찬물에 번갈아 들어

갔다가 나왔다가 첨벙거리다가 찜질방으로 들어간다. 체력이 약한 나는 숨이 차서 평소에는 찜질방에 들어가는 일은 엄두도 못 냈는데 오늘은 잠시 들어가 본다.

뱃살이 두둑한 50대 여자들이 느긋하게 앉아서 땀을 흘리고 있다. 갓 시집온 며느리 얘기, 사위 얘기, 손자들 재롱 자랑 끝에 남편들의 흉을 보며 깔깔거리고 웃는다. 옆에는 얼려온 녹차 병을 차고 앉아 마시면서…. 아주 누워서 느긋하게 잠들어 있는 사람을 보면서 그들의 참을성에 놀라지 않을 수 없다.

뜨거운 물 속에서 몸을 푹 불려가지고 열심히 때를 밀거나, 우는 아이들의 엉덩이를 철썩 때려가며 아이의 몸을 씻기는 옛 풍경은 볼 수가 없다.

요즈음의 목욕 형태는 때를 닦기 위함이기보다는 놀며 쉬며 친구나 이웃과 세상 이야기를 하며 스트레스를 푸는 것이다. 남편을 출근시킨 후 모든 일을 기계가 해주기 때문에 남아도는 시간을 보내기 위해서도 대중목욕탕은 한몫을 한다. 집에 대부분 사우나 시설이 되어 있기 때문에 매일 샤워는 집에서 하고 2~3일에 한 번씩 건강과 미용을 위해 사우나를 찾는 일이 대부분이다.

대형 목욕탕에는 탈의실, 미용실, 지압실, 수면실, 사우나를 갖추고 있다.

사우나도 한약 사우나, 폭포수 마사지 탕, 이슬 사우나 등을 개발하며 시설 투자를 아끼지 않는다. 서비스 경쟁도 치열하다.

남자들이 전날 밤 숙취나 과로를 풀기 위해 출근 전에 사우나를 즐겨 찾지만, 이제는 여자들이 더 많이 찾는다. 여가 시간을 느긋하게 보내며 다이어트나 미용, 만남을 위해 신경통 관절염 치료를 위하여 몇 달

분씩 목욕 표를 끊어놓고 매일 오는 사람들도 많다. 그들은 친구나 이웃 사람이 아니라도 자연스럽게 친해져 휴게실에서 휴식을 취하며 세상 돌아가는 이야기를 하며 몇 시간씩 보내기도 한다. 그리고 모여서 점심 식사를 하고 백화점에 쇼핑하러 다니는 끼리끼리 문화를 형성한다. 살을 빼기 위해 욕조의 찬물 더운물을 들락거리는 모습이나 가운 차림으로 탈의실 소파에 앉아 잡담을 늘어놓는 모습은 별로 좋아 보이지 않는다.

딸과 어머니, 며느리와 시어머니가 함께 와서 서로의 등을 밀어주며 체온을 느끼던 옛 풍경이 그립다.

외제 선호

며칠 전 이웃에 사는 조카들이 놀러 왔을 때의 일이다. 연필 몇 자루를 깎아주며 "이 연필로 열심히 공부해, 좋은 거니까" 했더니 초등학교 3학년인 큰 조카가 "큰엄마 외제에요?"라고 반문했다. 그러자 유치원에 다니는 둘째 조카가 "미제에요? 일제에요?"라고 총알같이 물었다.

가슴이 뜨끔했다. 수입 개방으로 인해 동네 구멍가게나 쌀가게 식료품 가게 등에 외제 물품이 난무하고, 국산품보다 훨씬 싼 값으로 우리를 현혹하고 있어 우리는 신토불이 우리 식품을 사 먹기 위해 고심하고 있는 실정인데, 일부 몰지각한 어른들의 고질화된 외제 선호 사상 탓에 아이들은 외제라면 다 좋은 것으로 착각하고 있는 것일까. 일상생활에서 흔히 얘기하는 외제품의 숱한 이름들, 아무 책임도 가책도 느끼지 않고 무조건 외제라면 '외제야?'라고 반문하게 됨을 본다.

이제는 우리의 의식구조도 많이 바뀌고, 상품의 질도 세계 어느 시장에서나 호평을 받고 있으며, 엄청난 외화 획득에 한몫을 하고 있는데 뿌리박힌 외제 선호광들은 손수건, 치약, 비누 하다못해 부엌에서 쓰는 수세미까지도 외제만 골라 쓰고 있다.

내 한 몸 치장에 수백만 원짜리 외제 모피 코트를 걸치고, 자랑스럽게 거리를 활보하며 춥지 않은 날씨를 탓하고, 값비싼 양주를 마시는가 하면 고급 가구, 골프채, 보석, 고급 승용차 등 외제를 사들이고 있어 자기만족을 위해 수입한 사치품의 액수는 엄청나다.

지난해 금, 은, 다이아몬드 등 귀금속 수입액이 60억 달러이며, 의류 14억 달러, 자동차 8억 6천만 달러, 가구 2억 9천만 달러, 양주 2억 달러, 보신 관광에 쏟은 외화가 1억 달러를 넘는다. 이런 사치성 소비는 정신을 타락의 구렁텅이로 빠뜨리고 나아가 경제를 무너뜨리는 독버섯 같은 사기행각이다.

우리 속담에 "남의 떡이 더 커 보인다"는 말이 있다. 내 물건, 내 집은 마음에 안 들고 남의 것이 더 좋아 보이는 사람의 심리. 남의 며느리 좋은 점만 보고 자기 며느리 단점만 꼬집어 생각하며 못마땅하게 여겨 잔소리를 해서 고부간의 갈등을 조장하는 시어머니, 겉으로 보이는 남의 시어머니 장점만 보고 자기 시어머니를 이해하지 못해 마음을 앓는 며느리, 남의 남편이 더 훌륭해 보이고 자기 남편은 그렇지 못하다고 욕심을 내며 불평만 일삼는 주부는 없을까!

외국인 대형 백화점이 들어서고 외국 건설업체, 외국은행과 외국인 극장까지 들어올 날이 머지않은 시대에도 살아남을 수 있는 확고한 의지와 애향심이 요구된다.

분수에 맞게 내 물건, 내 집, 내 식구를 중히 여기고 나아가서 내 나라를 중히 여기는 자긍심을 가질 때 비로소 그 사람은 행복을 느끼리라 믿는다. '남의 떡도 집어 보면 그게 그거'라는 진리를 우리는 터득해야 되겠다.

친구

가슴이 마냥 두근거린다. 화분에 만개한 철쭉꽃을 보니 그냥 방에 앉아 있을 수가 없다.

몽올몽올한 젖꼭지를 매단 것 같은 영산홍, 진달래, 목련이 꽃봉오리를 터뜨리려 하고 있다. 싱그럽게 물오른 나무들, 치자 나뭇잎의 푸름과 이미 피었다 지고 있는 매화, 윤기 자르르 흐르는 감나무 이파리, 단풍나무 잎들의 푸른 손짓, 4월은 힘차게 봄을 일으켜 세우고 있다.

나른한 피로와 아릿한 그리움이 밀려온다. 뜰에 내려서 치자 나뭇잎을 매만지며 학창 시절의 친구들을 생각해 본다. 매사에 나서기보다는 뒤로 물러서길 잘하던 소극적인 나의 머릿속에 각인된 몇 안 되는 친구들 모습이 영화 필름처럼 스쳐 지난다.

초등학교 동창인 김청자, 중학교 동창인 윤청자. 이 둘은 공교롭게도 이름이 같다. 학교 졸업과 동시에 그들의 이름과 모습은 나의 기억 속에 지워지지 않는 영상으로 갇혀버렸지만 둘을 생각하면 그저 보고 싶은 마음이 가슴을 설레게 한다.

연년생인 남동생과 나는 초등학교 때부터 줄곧 한 학년 한 반이었다. 그런데 청자 또한 남동생과 한 반이었다. 남매가 한 반이라는 동류의식 탓에 우리는 더 친하게 지냈는지도 모른다. 초등학교 친구들은 대부분 학교 주위 한 동네에서 같은 학교에 입학했는데, 공주 시내가 아닌 탄천이 고향이었던 청자는 일찌감치 공주 시내로 나와 남동생과 자취를 했던 것으로 기억한다.

어린아이들이 살다 보니 모든 것이 불편했을 터. 그러기에 우리 넷은 주로 우리 집에 모여 같이 숙제를 하고 놀았다. 그렇게 같이 어울리던 우리에게 이별이 왔다. 내 동생과 청자의 남동생 그리고 나만 공주사범 병설 중학교에 진학을 하고 청자는 고향으로 갔다. 그때만 해도 남아 선호 사상이 심했던 터라 누나는 고향으로 불러들이고 아들만 상급학교에 진학시켰던 것이다.

그 후 청자의 소식은 듣지 못했다. 동생에게 묻고 싶었으나 사춘기에 접어든 우리에겐 이성에게 말을 건네는 일이 어려워 묻지 못한 채 시간은 흘러 어른이 되었다. 몇십 년의 세월이 흘러 동기동창 모임에서 청자의 동생에게 사는 곳과 여러 가지 궁금한 것들을 물었지만 시원한 대답을 듣지 못했다.

또 한 사람 윤청자. 공주사범 병설 중학교 친구. 글을 아주 잘 쓰고 좋아했기에 역시 문학소녀였던 나와 친했다. 친엄마가 계시지 않았던 그 애는 중학교 졸업 후 진학을 포기했고, 소식 모른 채 많은 세월이 흐른 후 모 월간 여성지에 「내 이름은 때 묻은 버스 여차장」이란 제목의 수기가 당선된 것을 보고 수소문해 찾으려 했으나 헛수고였다.

그렇게 두 친구는 내 한쪽 가슴을 채운 채 잊지 못하는 이름들로 지금껏 남아있다.

그리움이 밀려오는 이런 날이면 너무 보고 싶어 혹시나 하는 마음으로 편지함을 기웃거려 본다. 그리고는 어리석음에 슬그머니 고개를 돌린다. 어느 하늘 아래 사는지도 모르는데 편지라니….

실소를 머금은 채 거실로 들어서는데 전화벨이 요란하게 울린다. 화들짝 놀라 전화기를 든다. 대천에 사는 친구의 전화다. 오늘은 친구를 그리워하는 내 마음을 하늘도 알아주는가 보다. 식당을 하느라 바쁘면서도 집에서 살림만 하고 사는 나보다 늘 앞서서 전화를 해주고, 찾아주기도 하는 친구에게 코끝이 찡한 고마움을 느낀다. 순수와 여유를 잃지 않고 사는 소녀 같은 그녀는 감수성이 예민한 중학교 때 친구다.

공주사범 병설 중학교 시절, 그녀는 부여에서 공주로 유학 온 단 한 명의 입학생이었다. 남녀 두 반뿐이라 합격이 쉽지 않았다. 번쩍거리는 미끄러운 교복을 대부분 입고 다녔지만, 그 애는 색깔도 산뜻하고 좋은 교복을 입고 다니는 깜찍한 아이였다. 애교스럽고 여성스러웠으며 얌전한 그 애와는 키가 비슷해 친하게 지냈는데, 3학년 때 전학을 간 후 서로 소식 모른 채 지내다가 중년의 나이가 되어 우리 남편의 전근으로 대천에 살게 되면서 다시 만나게 되었다.

불혹을 바라보는 나이에 대천으로 잠시 이사를 해서 얼마 되지 않은 어느 날 목욕탕에 갔을 때의 일이다. 카운터에 앉아 있는 중년 여인의 낯이 익었다. 그녀도 나를 자꾸 바라보았다. 우리는 거의 동시에 "혹시 공주에서 학교 다니지 않았어요?"라고 물었다. "그런데요" 그녀가 먼저 대답했다. 그녀의 나긋나긋하고 상냥한 목소리 덕에 금방 알아볼 수 있었다.

"남상범?"

"최영자?"

우리는 너무 반가운 마음에 서로의 이름을 소리쳐 부르며 손을 마주 잡았다. 서울에서 대학을 마치고, 대천이 고향인 사업가를 만나 결혼해 목욕탕을 운영하던 그녀를 다시 만나게 된 것이다. 대천에 사는 2년 동안 중년의 스트레스, 허무를 달래주는 스스럼없는 절친으로 지내오다가 우리는 다시 대전으로 전근이 되었고, 서로의 안부를 묻는 옛 친구로 지내오고 있다.

살아가면서 우리는 숱한 친구를 사귄다. 문인협회 친구, 예술인단체에서 사귄 친구, 동네에 사는 이웃 친구, 같이 운동을 하는 친구 등 많은 친구가 우리 곁에 머물다 떠나가지만, 어린 날의 학교 친구는 몇십 년을 만나지 못해도 가슴 한쪽을 늘 채우고 있지 않은가!

나이를 먹을수록 옛 친구가 좋다. 딸, 아들, 손자 손녀 이야기, 남편 얘기에 시간 가는 줄 모른다. 목욕탕 운영을 접고 식당 운영을 하는 그녀는 여전히 바쁘면서도 전화를 끊을 줄 모른다. 오히려 바쁜 일이 없는데도 소심한 내 쪽에서 조바심이 난다. 평생을 경제적인 어려움 없이 살아서일까. 생긴 모습은 깍쟁이 같고 날씬한 초로의 여인인데, 여전히 마음의 여유가 있다. 그녀의 잔잔함과 여유가 부럽다.

바쁜 식당 일을 하면서도 남편과 대전이나 서울을 드나들며 쇼핑도 하고, 여행을 즐기며, 야산을 사서 나무도 심었다. 가뭄에 타들어 가는 나무들을 보니 물을 더 많이 주어 살리고 싶은 욕심이 생기더란다. 나무를 정성 들여 가꾸다 보니 새 생명에 대한 경이로움과 애정이 남달라지며 한 포기라도 더 살리고 싶다고 설명하면서 생명에 대한 경이로움을 대신 내가 글로 써주기를 부탁까지 한다.

우리도 정년퇴직하면 시골에 땅을 마련해서 농사를 짓고 싶다는 남편 얘기에 농사일은 싫다고 일축해 버리던 내 생각을 바꿔야겠다는 생각이 든다. 그리고 동창들 모임에서 자주 얘기하던 "더 나이가 들면 우리 한곳에 집을 짓고 모여 살자"는 농담 같은 얘기를 실천하고 싶다는 생각도 든다.

가슴 속에 꼭꼭 숨겨둔 김청자와 윤청자도 찾아 서로 안부라도 물을 수 있다면….

모든 꽃들이 피어나는 4월, 이 좋은 계절에 나이를 잊고 새롭게 무엇인가 다시 꿈꾸어 보고 싶은 꿈이 꿈틀댄다.

늦가을

발밑에 차이는 낙엽의 서걱거리는 소리를 들으며 거리를 걷는다.

석윳값이 오르기 전에 기름통도 채워야 되고, 터무니없이 오른 배추나 야챗값 때문에 김장 걱정도 배가 되며, 메주도 쑤어야 되고, 고추장도 담가야 되며, 각종 밑반찬에 가족들의 겨울옷도 챙겨야 되는….

어찌 이렇게 생활의 실체들만 머릿속을 맴도는가! 그러다 보면 연말 각종 행사에 들떠 있는 분위기에 휩싸여 그저 바쁘고 허둥대게 될 마지막 달, 12월이 되기 전에 한 해를 돌아보고 반성하며 정리를 해야 되리라는 생각이 든다.

적조했던 집안 어른들께 안부 인사도 여쭈어야 하고, 옛 은사님도 찾아뵈어야 하며, 마무리 지어야 될 많은 가정사도 부지런히 끝맺음을 해야 된다.

나도 모르게 누군가에게 상처를 주었던 일이 있다면 그들의 마음도 푸근히 풀어주고, 내 가슴에 맺힌 것이 있다면 그 또한 속 시원히 털어내 버려야 되리라.

묵은 수첩을 정리하다 문득 지난 늦가을에 돌아가신 은사님 전화번호가 눈에 들어온다. 조심스럽게 줄을 그으며 살아계실 때 안부 전화라도 자주 드릴 걸 하는 후회가 밀려온다.

Y교수님께 전화를 드린다. 그저 일상적인 안부 전화인데도 몹시 반기시며 고마워하시는 은사님은 올해로 미수를 맞으셨다. 그분 존함의 문학상을 제정하시어 해마다 후학들에게 용기와 희망을 주고 계신 은사님은 90을 바라보는 연세에도 문학상 시상식에 꼭 참석하시어 카랑카랑한 목소리로 직접 시상을 하신다. 지금도 꾸준히 운동을 하시며 건강을 지키고 계신다는 경쾌한 말씀으로 제자의 기분을 즐겁게 해주신다. "이제 군도 열심히 운동할 나이"라는 귀띔도 잊지 않으신다. 그렇다. 60대 중반의 나이, 학교 시절에는 운동을 너무나 싫어해서 체육시간에는 교실을 지키며 책만 끼고 살았는데, 이제는 하루를 거의 운동으로 살다시피 한다.

오늘도 새벽 5시 반의 싸늘한 공기 속을 걷는다. 어둠을 환히 밝히는 외등 밑에서 노인들이 조깅에 배드민턴을 하며 노인 공원을 활기차게 일으켜 세운다. 건강을 스스로 지키는 노인들이 보기 좋고 고령화 추세가 이해된다. 그러나 역시 늦가을은 쓸쓸하고 서글프다. 흰 머리칼을 머리에 모자 대신 쓴 내가 서글프고, 바람에 이리저리 뒹구는 낙엽 더미와 텅 빈 들녘의 황량함을 안겨주는 가을이 주는 의미가 또한 나를 쓸쓸하게 한다. 지난 봄 영산홍꽃 무더기 속에 떠나보낸 동반자를 잃은 슬픔까지 겹쳐 올 가을은 유난히 쓸쓸하다.

설핏설핏 이승을 스치는 눈발
내 죄의 목에
무거운 칼 하나 씌우고
서걱이는 억새풀
마른 소리로
빈 들에 쌓인 좌절을 쏟아내는데
빈 마음 널어놓고
부슬부슬 헐려 나가는 예배당
나의 예수는 어디로 가나.

졸시 「만추」가 생각난다. 머잖아 눈이 내리리라. 눈 속에 좌절과 후회, 반성을 실어 가을을 떠나보내고 새로운 겨울을 맞을 채비를 해야지.

진정한 여성미

얼마 전 열차 여행 중의 일이었다.

"저 계란 하나 잡수세유" 하며 옆에 앉은 젊은 아낙이 삶은 계란 하나를 내밀었다. 진자주색 매니큐어를 칠한 검고 큰 손으로 사양하는 내게 자꾸 권하는 인심으로 봐서는 순진한 시골 여인이 분명한데, 어찌 손톱에다 온갖 멋을 부렸을까. 도무지 어울리지 않음을 실감하면서 여성의 미에 대해서 잠시 생각해 보았다.

긴 손가락에 길고 예쁜 손톱, 통통하고 하얀 손들을 보면 참 예뻐 보인다. 손끝이 뭉툭하고 펜을 쥔 오른손가락에는 뚝살까지 박혀 아주 미운 손을 가진 나는 예쁜 손을 보면 부럽기까지 하다.

그러나 미란 자기가 처한 환경에 따라 분수에 맞게 찾아야 될 줄 안다. 밥 짓고 빨래하고 아기를 돌보아야 하는 주부에게는 긴 손톱이 어울리지 않는다. 손톱을 깎을 사이가 없이 닳아버려 뭉툭한 언 손을 호호 불며 동태포를 뜨는 노점상에게서 나는 생활인의 참모습을 본다.

미는 여성 누구에게나 간절한 소망이며 의미이다. 아름다움은 우리에게 기쁨을 주고, 황홀경에 스스로 빠지게 하는 마력을 지녔다. 아무리 게으른 여성도 외모를 가꾸는 일에는 온 신경을 쓰며 정성과 노력을 아끼지 않는다.

그러나 마음의 성형술은 아직 서툴다. 얼굴을 비춰보며 가꾸고 다듬기 위해서 거울을 지니듯 우리는 마음을 비춰볼 수 있는 거울을 하나 더 지녀야 되겠다. "아름다운 얼굴이 추천장이면 아름다운 마음은 신용장이다"라고 영국 작가 '볼바 리튼'은 말했다. 우리는 마음속에 악함과 허망이 없는 명경지수를 지니고 부단한 자기 성찰과 진지한 자기 검토로 내가 내 마음을 늘 바라보며 바로 잡는 일이 중요하다.

거짓의 때, 허영의 날개, 교만한 마음 부스러기, 게으름의 거친 마음을 손톱에 매니큐어 칠을 하듯 윤기 있게 다듬고 가꾸어야 되겠다. 얼굴의 주름살에만 신경 쓸 일이 아니라 마음의 주름살에 더 신경을 써야 한다. 나 자신에게 진정한 관심을 가지고 나 아니면 안 되는 독자적인 개성과 긍지를 지니며, 나의 인격 나의 자아를 닦아나가는 일에 꾸준히 정진하는 여성에게서 아름다움을 느낀다.

인생은 성실하게 노력하고, 늘 공부하며, 일하고, 사고하는 창조의 일터다. 여성의 아름다움에는 또한 성실의 덕이 필요하다. 이루어 놓은 일 없이 나이만 들어감에 초조해하며 허한 가슴을 감추기 위해 겉만 치장하다 보면 마음은 더욱 춥고 스산해진다.

잃어버린 나를 다시 찾고 참된 나, 진정한 미를 비춰보기 위한 마음의 거울을 가슴 속에 지닌 채 밝은 이성과 성실한 양심으로 살아가야 되겠다. 지나친 외모의 치장은 연륜으로 쌓아진 은은한 멋이 풍기는 중년을 오히려 천박하게 만든다. 겸허한 자세로 인생을 관조하는 생활인의 모습에서 진정한 미는 우러나리라 믿는다.

3부
인생의 겨울

친정어머니

어머니!

가만히 불러만 보아도 눈시울이 뜨거워지는 어머니. 만개한 꽃잎을 떨어뜨린 개나리, 진달래, 영산홍의 잎이 날로 푸르러지는 5월의 정원을 바라보며 고향집 싸리 울타리 밑에 수북이 피어있던 꽃들과 그 꽃을 다독여 가꾸시던 어머니의 거칠고 메마른 손등을 생각한다.

7남매의 맏이면서 생신까지 들어있는 달인 5월 어버이날에 선물 한 번 변변히 해드린 일이 없고, 시부모 모시고 산다는 핑계로 찾아뵙지도 못하고 있으니, 참으로 부끄러운 일이고 동생들 보기도 민망하다

어버이날이라고 자식들이 다 모인 자리에 오직 큰딸 하나만 빠진 나를 안쓰러워하시며 두둔해 주시던 어머니. 이곳 우리 집도 어버이날이라고 찾아준 딸들에 둘러싸여 행복하게 웃고 계신 시어머니를 뵈며 자꾸만 친정어머니를 떠올리게 됨은 어쩔 수 없는 육친의 정 때문이리라.

어머니의 고향은 공주시 이인면 초봉리. 순응 안씨 씨족 마을의 솟을대문 집 맏딸. 기다린 끝에 낳은 첫딸이라 외할아버지의 귀여움을 받고 자랐지만, 명이 짧은 집안의 어르신인 외할아버지는 어머니가 소녀티를 벗기 전에 이 세상을 떠나셨고, 많은 아랫사람을 거느리고 가정을 꾸려 가시는 외할머니의 엄격한 교육을 받으며 보통학교 교육을 마친 어머니는 집에서 천자문 교육을 받으셨다. 시골의 양반집에서 상급학교 진학이란 그리 쉬운 일이 아니었다. 경제적인 어려움을 모르고 살다가 19살에 공주시의 아버지께 시집을 오셨다.

육척장신의 당당한 체격에 아주 미남이셨던 아버지는 의학전문학교에 보내시려는 할아버지의 기대를 꺾고 공주고보를 다니시다가 중퇴하시고, 음악인의 길을 걸으시려다 결혼하신 후 만주에 있는 일본인 회사에 근무하셨다. 해방되기 전 1944년에 나를 가져 만삭이 되신 어머니와 고향에 돌아오시어 외갓집 옆에 터를 잡고 내가 초등학교에 들어가기 전까지 살다가 공주 시내 할아버지 댁으로 이사를 나와 살게 되었다. 아버지께서는 몇 가지 사업을 전전하셨지만 크게 성공하신 적이 없고, 동생들은 줄줄이 태어나 7남매를 두시었다.

당신의 입장보다는 늘 상대편을 먼저 생각해 주시고 좋은 점을 찾아서 칭찬을 아끼지 않는 분이신 어머니께서는 꾸중보다는 격려와 칭찬으로 우리를 가르치셨다. 좋은 옷 떨쳐입으시고 나들이하시는 것을 본 적이 없으며, 5대 독자 아들의 외며느리로서 할아버지 할머니 뜻 받드느라 허리가 휘도록 일하시는 모습만 보아왔다. 까다로운 시어머니 밑에서 환하게 웃으시는 모습을 본 적이 없으며 늘 말씀이 없으셨던 분이다.

"너의 엄마 처녀 때는 달덩이처럼 예뻤는데…." 하시던 할머니 말씀처럼 화장품을 모르고 사셨어도 얼굴이 희고 쌍꺼풀진, 큰 눈에 콧대가 선 미인형의 얼굴이었지만, 가꾸지 않은 탓에 혈색이 창백하였고, 웃음을 모르셨다. 아마 웃을 시간이 없었는지도 모른다. 그런 중에도 7남매가 갖가지 상을 타 올 때면 환하게 웃으시며 다정한 눈빛으로 사랑을 표현하셨다.

어려운 살림에 신경 쓰는 일이 너무 많아 가슴앓이를 얻어 학교에서 돌아오면 배에 뜨겁게 달군 돌을 보자기에 싸서 얹어놓고 계신 것을 자주 보았다. 그럴 때면 간호를 해드리고 위로해 드릴 줄은 모르고, 짜증부터 부리며 철없이 굴었던 큰딸이었다. 편찮으시면서도 너희들은 공부나 하라시며 일을 시키지 않으셨다.

논둑의 자운영을 베어다 나물을 무쳐 보리밥에 비벼주시면 여러 남매가 게 눈 감추듯 먹어 치우는 모습을 눈물겹게 바라보시던 어머니. 밀기울로 밀개떡을 쪄먹고 술지게미로 허기를 때우던 때 '나는 배가 부르다'시며 한 수저도 들지 않으시던 어머니의 속 깊은 뜻을, 자식을 여우살이 시킬 50줄의 나이에 들어서야 헤아리게 되다니….

보릿고개에는 돌절구에 풋보리 방아를 찧으셨고, 농사채가 없던 우리는 외갓집 일을 거들고 외삼촌댁에서 곡식을 나눠 받곤 했다. 그러면서도 식성 까다로운 할머니 시중에 아버지 술주정을 받느라고 고생하셨던 어머니.

어려운 환경 속에서도 맏딸인 나를 연년생 남동생과 함께 대학에 보내주시며 서울의 대학에 보내지 못함을 미안해하셨다.

초등학교 시절 사친회비를 내지 못해 학교에서 되돌려 보내졌을 때 우리들은 집에 들어가 말씀을 드릴 수가 없어서 사립까지만 왔다가 되돌아가고 그 모습을 정지문 밖 고욤나무 밑에서 바라보시며 행주치마에 눈물을 몰래 닦으시던 어머니는 요즈음 어머니들처럼 잔소리를 모르셨다.

경제적으로 어려움을 모르던 두 분 고모께서는 손위 올케인 어머니에게 시집살이시키셨고, 보통 분이 아닌 할머니 모시느라 착하기만 하셨던 어머니께서 받으셨던 스트레스는 얼마나 많았을까.

"너는 절대로 맏이에게 시집보내지 않겠다"시던 말씀만 생각해도 알 것 같다. 그런 어머니이었기에 첫 사윗감이 나타났을 때 장자가 아니라는 이유와 술을 좋아하지 않는다는 두 가지 이유로 나를 선뜻 남편에게 시집보냈지만, 40년이 넘는 세월을 시부모 모시고, 시누이 시동생 거느리며 시집살이를 했다. 흰머리에 염색을 하며 모든 것이 팔자소관이 아닌가 하는 운명론을 펼치기도 한다.

가난한 고향집이 싫어 무언지도 모를 허황된 꿈만 꾸며 맹목의 발길로 떠나버린 고향! 화려한 도회의 불빛 밑에서 도회지의 여인이 되었다.

60대 중반 두 남동생이 대학에 다니고 밑에 줄줄이 여동생들이 모두 학교에 다니는 어려운 시절인데도 나는 객지로만 떠돌며 나 혼자만 생각하는 여선생이었다.

여동생 하나가 서울에 취직이 되는 바람에 온 가족이 모두 서울로 이사를 하게 되었고 그때부터 부모님의 고충은 너무도 컸다. 그러나 그때는 별로 느끼지 못했다. 애들을 낳아서 키우고 생활을 하다 보니 부모님의 고생이 새삼스럽고 특히 어머니의 고충이 얼마나 컸을까! 가슴이 저리다.

고학을 하다시피 대학에 다닌 남동생 둘이 튼튼한 직장에 다니게 되고 경제적인 걱정을 덜게 될 즈음 아버지가 암으로 세상을 떠나셨다.

육십도 채 되지 않으셨던 어머니는 모든 생활권을 며느리에게 물려준 채 쓸쓸한 생활을 하고 계셨다. 할머니의 시집살이에서 벗어난 지 얼마 되지 않아 아버지가 돌아가셨으니, 어머니의 주관대로 기를 펴고 사신 시간이 얼마나 될까. 참으로 불쌍한 분이시다. 그렇지만 원래가 욕심이 없으시고 착하신 탓인지 "나는 아주 만족한다" 하시며 행복해하셨다.

지팡이에 의지해 걷는 노인, 푸성귀를 팔고 계신 할머니의 굽은 등에서 어머니를 본다. 여러 남매를 한 이불 속에 나란히 뉘어 놓고 머리맡에 앉아 들려주시던 어머니의 젖은 노랫소리가 공주의 고향집과 탱자울 제민천 솔바람 소리에 실려 나직이 되울려 온다. 밤새워 설빔을 지으시는 어머니의 턱 밑에 앉아 눈을 비비며 등잔불에 머리칼을 그을리던 어린 날로 돌아가 젊은 어머니께 어리광을 부리고 싶다.

기막힌 슬픔과 기막힌 기쁨으로 촉촉이 젖어 드는 어머니께 불효녀의 눈물로 사죄드린다. 용서하세요, 어머니. 어머니!

인생의 겨울

"새해 원단 새 달력을 걸며 은총으로 충만한 한 해를 또 선물 받으며 새로운 출발을 허락받아 힘차게 다시 전진을 시작할 때다. 봄, 여름의 꽃, 가을의 단풍만이 아름다운 것은 결코 아니다. 앙상한 가지 위에 핀 설화 또한 아름답듯이 인생의 겨울이라는 노년 또한 나름의 아름다움과 기쁨이 있다."

2000년도에 낸 첫 수필집 『남의 수박 두드려 보는 여자』에 실린 「두 개의 칫솔」이라는 수필의 말미다.

칫솔꽂이에 두 자리 숫자의 칫솔이 꽂힌 대가족의 시집살이를 거치고 하나둘 자신들의 둥지를 찾아 떠난 후 내 아이 둘마저 직장으로, 대학의 기숙사로 떠난 후 칫솔꽂이에 2개의 칫솔만 덜렁 꽂혀 을씨년스러운 모습과 허한 가슴을 서술했던 상황의 끝은 노년으로 접어드는 길이었다.

50대 중반 갱년기에 접어들면서 나는 다시 교단에 서고 싶다는 간절한 소망도, 부부 동반 여행을 해보고 싶다는 평평한 소망도 모두 접은 채 딸과 아들을 결혼시켰으며, 큰딸인 우리 집을 한 번도 와 보시지 못한 친정어머니는 돌아가셨다. 둥지를 찾아 떠난 시누이들도 시어머니가 계신 우리 집으로 몰려와 저녁 늦게야 돌아가는 날들의 연속이어서 도무지 나의 시간이란 없이 20여 년을 바쁘게 시간을 비껴 보내고 있었다. 그러느라 나는 요즘 유행하는 갱년기가 무언지도 모르게 지나가 버렸고, 나이가 어느덧 노년의 중간쯤인 70을 바라보게 되었다.

갱년기가 무언지도 모르면서 웃음과 말수가 적어진 채로, 기계적으로 사는 무미건조한 삶. 그 증상이 내가 앓게 된 갱년기였다는 것을 뒤늦게 알아차렸다. 93세를 일기로 시어머니가 돌아가셨고, 그러자 곧바로 건강하던 남편이 위암으로 1년여 만에 2010년 4월 지천으로 핀 영산홍꽃 속에 묻혀 세상을 떠나고 말았다.

외국 여행도 다녀보고, 하고 싶은 운동이나 취미생활도 같이 해보고 싶다는 부푼 꿈을 꾼 것도 잠시 칫솔꽂이에는 덜렁 한 개의 칫솔만이 남게 되었다.

능동적으로, 내 주관대로 살아보지 못한 내 한평생이 덩그러니 꽂힌 한 개의 칫솔로 나는 모든 것을 잃은 좌절감에 더욱 말수가 적어지고 우울한 할머니가 되어버리고 말았다.

8남매의 둘째 아들이었던 남편은 위로 형님 한 분과 누님이 계셨고, 밑으로 남동생과 여동생 4명 합 8남매가 명절 때면 모여 북적이는 시댁에서는 명절에도 친정에 갈 시간이 주어지지 않았다. 그런 맏딸을 늘 안타까워하셨던 친정어머니는 "나는 괜찮다"는 한마디 말씀으로 나를 위로하셨지만 내가 이렇게 나이를 먹고 보니 명절에도 다녀가지 못하는 딸이 얼마나 보고 싶으셨을까. 20년이 지난 지금도 어머니 생각하면 너무 죄스러워 가슴이 먹먹해진다.

이제는 시중을 들어드릴 시어머니도 안 계시고 매사를 세심하게 챙겨주던 자상한 남편도 옆에 없어 그저 칫솔꽂이에 썰렁한 한 개의 칫솔을 바라볼 때마다 15년이 지났는데도 눈시울이 뜨거워지곤 한다.

말수가 적고 잠도 오지 않고 매사에 생각만 많아지는 나이에 아픈 곳만 이곳저곳, 어느 병원에 가야 되는지 고심하는 것이 일과인 삶!

젊은 사람들의 눈치를 보게 되고 조심스러워져서 매사에 자신이 없어진다. TV나 핸드폰 유튜브에서 광고하는 건강 기능 식품에만 매달리게 된다. 비단 나뿐만이 아닌 많은 사람들이 건강 기능 식품에 귀 기울이게 되는 현실이다. 날만 새면 쏟아져 나오는 기능 식품들에 현혹되어 매달리기보다는 자신에게 맞는 운동을 적당히 하면서 건강을 유지할 수 있는 지혜가 필요한 때이다.

인생의 겨울인 노년! 춥고 을씨년스럽지만 나름의 아름다움과 기쁨이 있다.

추억 속으로

"큰언니, 이번 토요일에 시간 있지요? 우리 모여요."

셋째 여동생의 반가운 문자에 "알았어! 갈께" 빠르게 답신을 쓰면서 혼자 웃는다. 뛰는 가슴을 누르며 심호흡을 크게 한다.

나이가 들어가면서 서울에서 하던 일들을 접고 서울을 하나씩 떠나 이곳 세종시에 자리 잡기 시작한 여동생들은 막내까지 차례로 내려와 우리 여형제 5명이 모두 큰언니인 나와 가깝게 살게 되었다.

공주시가 우리의 고향이라 고향에서 먼 곳이 아니고, 부모님 산소도 공주시 이인면에 있어 자주 가 뵐 수 있고, 내가 살고 있는 유성구와도 멀지 않은 곳을 택해서 하나씩 내려와 준 동생들이 너무 고맙다.

제일 먼저 서울에서 이름이 알려진 식당을 운영하던 셋째 여동생이 딱 10년의 사업을 접고 세종시로 내려와 세종시의 외곽에 전원주택으로 이사를 왔다. 원래 활동적이었던 셋째는 먼저 내려와서 자매들의 집을 알아보고 다니다가 큰 여동생부터 차례로 안주할 곳을 마련하는 데 도움을 주었다. 큰 여동생은 전원주택을 새로 지어서 이사를 왔고, 공기 좋은 곳에 단독 고급 주택을 사서 이사 온 둘째, 아파트로 이사 온 막내까지 여형제들은 가까운 이웃에 둥지를 틀고 자주 왕래하며 모여서 점심 식사도 하고 노후의 건강을 서로 논의하며 알차게 보내고 있다.

막내까지도 칠순을 바라보니, 가까이 살며 서로 자주 만나고 일손도 같이 도우며 오순도순 살고 있는 모습을 보니, 부모님도 안 계신지라 큰언니인 내 마음도 흐뭇하고 무엇보다도 내가 나이가 많다 보니 의지가 된다.

여형제 간에 모임이나 무슨 일이 있을 때면 내가 주로 세종시로 간다. 나 혼자만 대전시에 살고 있으니, 네 자매가 모두 대전으로 나오는 것보다는 내가 가는 것이 마음이 편하기 때문이다. 아직은 건강이 따라주고 또 모든 동생이 가까이로 이사를 와준 것이 너무 의지가 되고 고맙기 때문이다.

세종으로 가는 토요일! 다른 날보다 일찍 깬 나는 서둘러 세종시로 향했다. 노은역에서 지하철을 타고 두 정거장째 반석역에 내려서 1000번 버스를 타고 가는 나의 마음은 날아갈 듯 상쾌하다. 늘 그렇듯 버스가 반석역을 벗어나 바로 지나는 곳이 금남면 대평리, 지금의 대평동이다.

금남면을 지날 때마다 뚜렷이 떠오르는 한 사람 S. "나이 40에 우리 웃으며 만나요"라는 나의 짧은 글로 일방적인 결별을 선언하고, 떠난 뒤 한 번도 만나보지 못한 채 60여 년을 살아온 그를 떠올리게 되는 대평리. 그곳이 아름다운 눈을 가진 준수한 청년의 고향이다.

엄하기로 유명했던 우리 아버지 때문에 우리 집 주변을 돌며 자기 이름을 소리쳐 부르다 돌아서곤 하던 그와는 '문학의 밤' 행사를 치른 후의 금강 둑길 산책, 장문의 편지 교환으로 잊지 못할 추억이 가슴 깊이 남겨져 있었을까. 반세기가 지나도 생생한 기억들이 가슴을 설레게 한다. 그도 나처럼 백발이 성성한 노인이 되었을까? 정말 터무니없는 욕심이지만 이렇게 먹어버린 나이를 잊고 딱 한 번만 만나보고 싶어진다.

 "이렇게 계절이 주는 의미인 꽃 보라의 노을 속에서 마냥 흔들려 볼 수조차 없는 식물이었다고는 믿어지지 않습니다." 절규하듯 외치고 떠난 그.

 풍문에 들려오는 말로는 술에 취하면 내 얘기를 한다는 어느 후배의 말을 기억하며 이제 만난다면 그는 어떤 표정을 지을까, 궁금함과 기대에 젖어 혼자 웃는다. 그도 나처럼 얼굴에 잔주름이 자글자글할까? 궁금함에 초조해지기까지 한다. 그러면서 그도 지금 살아있을까? 라는 원초적인 궁금증이 생기고 온갖 상상의 날개를 펴며 소녀처럼 들떠 달리는 창밖에 눈을 준 사이 버스는 대평리를 지나고 상상의 날개를 접으며 꿈속에서 깨어난다.

 내 늙은 모습은 보이기 싫어 숨어서 살짝 나 혼자만 멀리서 한번 보았으면 하는 이 이기심은 무얼까!

 허물없이 젊은 날처럼 말을 터놓고 지내는 남자 대학 동창생이 있다. 그에겐 적나라한 내 모습을 보이면서 S에겐 유독 변해버린 나의 모습을 보이고 싶지 않은 이 마음은 아마도 지금도 그를 잊지 못하고 있다는 증거겠지.

 상상하며 꿈꾸며 하루하루를 보내는 것도 지금의 우리에겐 힐링이 되고 젊은 생기를 유지할 수 있는 비결이라 생각돼서 상상의 날개를 펼쳐보는 오늘이 즐겁고 행복하다.

나잇살

"하나, 두울, 세엣, 네엣, …, 스물….

새벽 5시, 자명종 소리에 꿈속을 헤매던 나의 의식이 깨어난다. 눈을 반쯤 감은 채 반듯이 누워 다리를 30도 각도로 들었다 내렸다 하는 운동을 반복한다. 뱃살을 빼기 위한 노력의 일환으로 이 운동 이외에도 누운 채 허리를 받쳐들고 다리를 들어 올려 자전거 타기 반복 등 몇 가지 스트레칭을 더 하고 노인공원에 나가 30분 동안 생활 체조를 한다. 경쾌한 리듬에 맞춰 젊은 선생님의 동작을 따라 한 후, 남편과 함께 노인공원 길을 가볍게 조깅과 맨손 체조를 하고, 집에 돌아와 10여 분 훌라후프를 한다. 이것이 나의 아침 운동이다. 특별한 날을 빼고는 예외 없이 실행하고 있는 나의 건강 증진 또는 살 빼기 운동인 셈이다.

학창 시절 내가 제일 싫어했던 과목은 체육이다. 고등학교 여름 방학 중 해양 훈련을 하면 물속에는 무서워서 들어가 보지도 못하고, 백

사장에 누워 코피를 쏟다가 돌아오는 여학생! 운동회 때에 달리기를 하면 기를 쓰고 달려야 3등밖에는 못 했다.

　스스로 운동 신경이 둔하다고 생각하고, 운전 연습은 물론 자전거 타기도 배우지 못하는 사람이 50줄에 들어서 새벽 단잠을 떨치고 생활 체조 회원이 된 것은 나름의 이유가 있다. 물론 50이 되어서야 새벽밥을 하지 않아도 되는 큰 이유가 있지만, 30여 년 전 대가족의 시집살이가 시작되면서 53킬로그램의 통통한 몸은 40킬로그램으로 줄어버린 채 20여 년을 살았다. 가랑잎 같은 몸매로 새벽 5시부터 밤 12시까지 종종걸음치며 보내는 것이 일과였다. 밤이면 힘에 부쳐 내리누르는 어깨통증에 몸살을 앓으면서도 새벽에는 어김없이 일어나 많은 식구의 치다꺼리에 매달려 산 지 10여 년이 지나 40대가 되면서 꿈의 포기와 '그럭저럭 살다 가면 되는 거지'라는 자포자기 심정이 몸무게를 2~3킬로그램 늘게 했다. 그렇게 43킬로그램으로 또 10년, 그러니 친구들을 만나면 40대 비만을 운운하며, 에어로빅에 수영 헬스 등 화젯거리인 비만에 대해 한껏 여유로울 수 있었고 의기양양할 수 있었다.

　"시집살이에 살이 찌지 못한다."는 친구들 얘기에 긍정했고 "바짝 말라가지고는" 하면서 안쓰러움과 못마땅함을 버무려 던지는 남편의 얘기에 괜히 죄인처럼 움츠러들곤 했다. 그럴 때면 살이 찌기를 간절히 바랐다. 그랬는데 이게 웬일인가! 갱년기가 되면서 하루가 다르게 불어나는 허리와 배, 그에 비례해서 아파져 오는 어깨, 허리, 무릎 등. 병원에서는 오십견이니 관절염이니 하며 운동을 권했다.

　"뒤에서 보면 처녀"라던 지인들의 놀림이 무색해질 만큼 변해가는 나의 허리, 30대보다 무려 8킬로그램이나 불어난 몸무게는 머잖아 처녀 시절 최고치를 기록했던 53킬로그램을 넘으리라는 절박한 심정이 되었다. 5년여를 가볍지만 꾸준히 운동한 덕분인지 아직 표준체중을 초과하진 않았지만, 종합검진 결과 복부비만으로 나왔으니, 보통의 중년 여인들이 하는 걱정을 나도 하게 된 것이다. 남의 속도 모르고 "좋은데" 하며 허허거리는 남편과 "좋아졌네요"라는 지인들의 얘기 "더 좀 쪄야 된다"고 부추기는 65킬로그램의 시어머니.

나이를 먹으면서 느는 것은 뱃살과 허릿살뿐. 나도 이제 나잇살이 찌는구나! 실감하니 서글퍼진다. 하지만 어쩌랴, 순리인 것을.

남자 동창생

바로 어제 저녁의 일이었다. 그의 전화를 받은 것은.
"나를 기억하려나 모르겠는데 나 ○○○요"라는 낯선 목소리가 울려왔다. "아, ○○○씨"라고 할 수도 없고, 말을 놓을 수도 없는 상황이라 이름 끝을 적당히 얼버무렸다.
50여 년 전 고등학교 동창생이었다. 약간 들뜬 기분으로 전화를 받고 끊으면서 묻지도 않는 남편에게 자세히 보고를 했다. 그는 한번 만나보고 싶다고 했다. 이유도 모르면서 그러자고 대답을 해놓고 그의 모습을 떠올려 본다. 깡마른 체구에 수줍음이 많은 것 같았던 남학생! 얼굴이 좀 창백한 여학생 같은 사람! 지금은 어떻게 변했을까. 환갑이 지난 나이에 고등학교 동창생을 만난다는 것은 그가 여자이든 남자이든 상관없이 가슴 설레는 일이다.
L은 글을 좋아해서 글 쓰는 아이들과 어울리고 싶어 하던, 표가 나지

않는 학생 중의 하나였다. 그와 내 집은 한 골목 안에 있었던 관계로 새벽 공부를 하러 가면서 가끔씩 만나곤 했다. 그때마다 서로 말없이 눈인사 정도로 웃다 말고 2미터쯤 떨어져서 학교로 가곤 했다. 남녀 공학이었지만 남학생, 여학생반이 따로 있었는데 성적이 우수한 남녀 학생들을 새벽에만 한 반을 만들어 특별 지도를 했다. 그때 나는 몇 안 되는 여학생 중의 한 사람으로 남학생 틈에 끼어 새벽 공부를 했다. 그러던 어느 날 수학여행을 가게 되었는데, 가정 형편이 어려웠던 나는 혼자 학교 도서실에서 공부를 했다. 수학여행을 다녀온 다음 날 새벽 공부 시간에 L은 여행지에서 쓴 장문의 기행문과 함께 하얀 성모마리아 석고상을 내 책상 서랍에 몰래 넣어두고 도망치듯 자리를 피했다. 수줍음이 많았던 L이 준 선물의 의미가 무엇인지 모른 채 수줍음이 많고 소극적이었던 나는 '에밀리안'이라는 이름을 지어서 답신을 했다. 16절지 여러 장의 답신을 썼던 것으로 기억한다.

그것이 끝이었다. 글이 쓰고 싶어서 내 주위를 맴돌았고, 나 또한 별 뜻 없이 그에게 나름의 멋진 이름을 지어 선물했던 듯싶다. 그때는 서로 친한 친구나 선후배 간에 애칭을 지어서 부르곤 했다. 그가 그 이름을 한 번이라도 사용을 했는지 알 수 없는 채 세월이 흘러 45년째가 되었다.

어쩌다 지면에서 그의 이름 석 자를 발견하면 하얀 석고상과 내가 지어준 이름 넉 자가 생각나곤 했다. 그랬던 그를 다시 만난 것은 25년 전 내가 조그만 상을 타고 서울 KBS 한국방송에 출연차 갔을 때였다. 내가 출연하게 된 TV 프로의 구성 작가를 하고 있던 그를 우연히 그곳에서 만난 것이다. 그때도 역시 우리는 어정쩡하고 어색한 해후를 하고 헤어졌다. 그는 이미 중견 시인의 자리에 있고, 학교 시절 열정적으로 활동하던 나는 나이 40에 문단에 고개를 내밀었으니 묘한 자격지심으로 더욱 어색했던 듯싶다.

그랬던 그가 내게 전화를 했다. 이제 몇 시간 후면 그를 만나게 된다. '남자 동창생!' 그는 얼마나 변했을까. 사춘기 시절 10대에 한 교실에서 같이 공부하고, 중년에 우연히 방송국에서 잠시 보고, 이제 백발을 머리에 인 조글조글한 모습으로 다시 만나게 되니, 궁금한 마음과 함께 그에게 비추어질 내 모습에도 신경이 쓰인다. 미용실에 가서 벼르던 머리를 자르고 손질해야겠다.

나의 주치의

겨울 내내 참고 참다가 결국은 또 단골 정형외과를 찾았다. 허리 협착과 디스크, 골다공증까지 있으니, 나이를 먹을수록 정형외과를 찾는 횟수가 잦아지고, 그때마다 꽤 오랫동안 주사와 약물치료를 하다가 조금 우선하면 그냥 참고 견디는 상황인데, 이번에는 일 년여를 치료를 하지 않고 참고 견디는 상황인데, 점점 심해지고 있어 은근히 걱정이 되어 다시 병원을 방문한 것이다.

하루의 일과가 꽉 차 있는 상태라서 아침 일찍 병원에 도착했다. 아직 진료가 시작되기 전이었는데도 환자들이 많았다.

"사모님, 어떻게 지내셨어요?"

나를 보자마자 자리에서 벌떡 일어나시며 말씀하시는 원장님은 여전히 친절하셨다.

이 원장님과 알게 된 것은 벌써 40년도 넘었다. 중촌동에 살던 젊을 때부터 다니던 동네 병원인데 친절하시고 자상하신 젊은 선생님이시라 늘 손님이 많았다. 남편이 C고등학교 교감으로 있을 때 그 고등학교 학생이었던 원장님은 내가 병원에 가면 꼭 사모님으로 불러주셨고, 젊어서부터 가녀린 내 건강을 생각하시어 영양주사도 놓아주시곤 하던 분으로 중촌동에서 둔산동으로 옮기신 후에도 나의 주치의 선생님이었다.

나이를 먹으니, 주치의가 필요하다는 생각이 든다. 주로 이웃에 있는 동네 병원을 이용하지만, 40여 년을 드나든 정형외과 원장님이야말로 정말 나의 반평생을 지켜보고 건강을 챙겨주신 분이라 각별하다.

나이를 먹으면서 하루가 다르게 오늘은 이가 아프고, 내일은 눈이 아프며 특히 피부와 관절은 안 아픈 곳이 없으니, 앞으로 남은 시간은 아프면서 다독이면서 살아야 할 세월만 남은 셈이다.

병원에 가면 "연세보다 15년은 더 젊으십니다"라고 위로와 격려의 말씀을 주시는 선생님 말씀에 힘입어 친구들 모임에서나 동기간들 모임에서도 자랑을 하는 큰언니인 나는 분명히 꼬부랑 할머니다. 다행히 저체중이다 보니 지금까지는 다리 아픈 일은 없었는데, 요즘 들어서는 무릎 관절이 가끔 시큰거릴 때가 있다. 층계를 오르내릴 때 깜짝깜짝 놀라기도 하니 나이를 먹었구나! 하는 자조와 실망을 느끼며 멀찍이 밀어놓았던 체념을 슬그머니 끌어들인다.

햇살이 눈부신 날만 있는 것이 아니다. 눈과 비가 오기도 하고, 구름이 햇살을 가려버린 날도 있듯 우리의 한평생도 날씨처럼 궂은날, 좋은 날이 있으니 이 또한 마음에 새겨두고 조용히 물러서 관망할 줄 알아야 되겠다.

건강을 위한 운동으로 20여 년 동안 쉬엄쉬엄 계속해 온 댄스 스포츠는 지금도 하고 있지만, 갈수록 젊은이들 속에서 위기감을 느끼며 "언니가 나의 롤 모델이야"라고 말해 주는 젊은 회원들 말에 잠시 위로를 받는 나는 나이가 많은 할머니라는 말을 직시하게 된다. 하는 날까지는 남에게 폐가 되지 않도록 조심하고, 노력해야 된다는 긍정적인 생각을 하면서 정형외과 문을 나선다.

동생댁

동생댁의 부음을 받고 서울행 열차에 몸을 실었다.

갑작스러운 소식 앞에서 망연자실한 우리 여형제 5명은 지나는 차창 밖 풍경에 눈길을 줄 겨를도 없이 침통한 모습으로 말을 잃은 채 먼 하늘을 바라보며 각자의 상념에 젖어 있었다.

남동생 둘이 일찍 세상을 떠나고 남은 두 올케 중 신장이 좋지 않았던 큰 올케가 세상을 떠난 것이다.

두 남매를 둔 큰 올케는 둘째인 아들만 결혼을 시켰고, 첫째인 딸은 결혼도 시키지 못했다. 어려서부터 개성이 강하고 자기중심적이었던 딸 때문에 가슴앓이를 하더니, 그 짐을 훌훌 털고 가면서 후련했을까!

결혼 전 남동생과 교제 시절에 신우광염을 앓아 병원에 입원해 있는 올케 모습이 너무 측은해 결혼을 결심했다던 남동생은 미군 통역관으로 월남전에 입대해 제대 후 굴지의 건설회사에 입사해 외국 근무를 많이 해서 자라는 조카들도 영어에 두각을 드러냈고, 경제적으로도 윤택했으나 전쟁 중에 얻은 고엽제 병으로 환갑도 되기 전에 세상을 떠났다. 갑자기 심장마비로 동생이 떠난 후 씩씩하게 두 애들을 키우며 살던 올케 역시 처녀 때부터 좋지 않던 신장 때문에 고생을 하다가 남편의 뒤를 따르고 만 것이다.

살아서는 여장부처럼 억세고, 한 분 남은 시어머니도 외면하고 살던 올케와 우리 여형제들은 서로 왕래도 거의 없었지만, 가족을 잃은 슬픔에 과거의 잘잘못이 어찌 문제가 될 수 있으랴. 부모님 살아계실 때 시부모님을 몰라라 하고, 혼자 남은 시어머니 병중에도 손아래 시누이들이 모두 하는데도 병원에도 와 보지 않던 올케가 미웠지만, 죽음 앞에서는 미움도 원망도 모두 사라지고, 연민의 감정만 남아 중년이 다 된 조카들이었지만, 그들이 불쌍해 우리는 장례가 끝나고도 쉽게 발이 떨어지지 않았다. 참으로 허망한 것이 삶이 아닌가 하는 생각이 든다.

울고 또 울며 우리의 상념은 자연히 올케보다 훨씬 일찍 떠난 남동생이 간절히 그리워진다.

맏딸인 내 밑으로 연년생이었던 큰 동생은 초등학교 시절부터 고등학교 때까지 한 학년이어서 더욱 각별했다. 공부도 서로 쌍벽을 이루어서 담임 선생님의 사랑을 받으며 서로 보완하고 격려하는 찐 남매였다. 이과에 우수했던 남동생과 문과에 소질과 취미가 많았던 나는 초등학교 때는 담임 선생님의 비교 대상이 되곤 했다. 가난한 가정 형편이었지만, 둘이 함께 대학까지 마칠 수 있었음도 장학금을 받으며 공부를 했던 탓이기도 했다.

할머니와 아버지, 어머니 그리고 우리 7남매 대가족에 생활이 어려웠던 우리 집으로서는 중학교에 들어가면서부터 아버지의 지엄한 말

쓰임이 법처럼 정해져 있었다. "아들딸 누구든 장학금을 받지 못하면 상급학교에 진학할 수 없다"고 농담처럼 말씀하시곤 했지만, 가정 형편을 알기에 우리는 긍정으로 받아들여 실천했다. 덕분에 경쟁을 하듯 학업 우수 상장을 받아왔고, 아버지의 어깨를 활짝 펴게 해 드렸다. 융통성이 없던 나에겐 오직 공부가 취미였고 유일한 일거리라서 공부에 매진할 수 있었고 중고등학교, 대학에 장학금을 받는 국립학교로만 다녔다.

어머니는 대가족의 살림을 도맡아 하시면서도 나에게 일을 시키지 않으셨다. 장녀인 나와 밑의 남동생 둘은 나란히 책상 앞에 앉아 뒤에서 감독하시는 아버지의 격려와 채찍을 동시에 받으며 성장한 것이다. 30에 낳은 첫딸이면서 5대 독자이신 아버지께 두 남동생을 있게 한 장녀인 나는 특별한 사랑을 받으면서 학창 시절을 보냈다.

대학 진학할 당시 학교에서는 나를 서울의 대학에 보내라고 담임 선생님을 비롯해 주임 선생님까지 집에 찾아오셨지만, 남동생과 함께 대학 진학을 앞둔 터라 나 스스로 공주 교육대학으로 결정을 내리고 말았다.

대학 교수가 꿈이었던 나는 이루지 못한 꿈에 대한 미련으로 나이 오십이 될 때까지 공부에 대한 열망으로 가슴앓이를 했지만, 이제는 오직 건강하기만 바랄 뿐이다.

이제는 그 모든 추억이 아련한 내 기억 속에 들어앉아 있고 하나씩 떠나야 되는 나이가 되어 먹먹해지는 가슴으로 슬픔을 속으로 삼킨다.

도심 속 시골 인심

　이웃집에서 보리밥을 했다고 대문을 두드린다. 하던 일을 부지런히 끝내고 그 집으로 갔다. 대문은 아예 반쯤 열어놓았다. 골목 안 여자들이 하나둘씩 모여들었다. 아이를 낳은 지 한 달쯤 된 재현이 엄마는 아기를 안고 들어서고, 낳은 지 세 이레가 지난 손자를 자랑하겠다고 안고 들어서는 할머니의 뒤꽁무니에는 늦둥이 초등학교 3학년짜리 막내아들이 쭈뼛거리며 따라 들어온다. 어른들은 스스럼없이 내 집처럼 몰려든다. 오는 길로 주방에 들어서서 두레상에 수저를 놓고, 음식을 나르고, 상추 겉절이를 하며 손으로 집어 먹으며 간도 본다. 뜨거운 보리밥을 양푼에 퍼 담아 몇 가지의 반찬을 쏟아붓고 썩썩 비벼서 맛있게 먹는다. 우리 동네 골목 안에서는 흔히 있는 일이다. 오늘은 이 집에서 자리를 깔고 앉아 먹기도 하고, 내일은 저 집에서 감자를 찌거나 수박을 잘라 먹기도 한다.

우리 동네는 이렇게 구수한 된장 냄새가 나고, 조금은 헤픈 입담이 골목 안을 떠들썩하게 하기도 하는 곳이다. 대문 밖에서 파나 열무를 여럿이 다듬고, 과일이나 감자를 사서 나누고, 어디서 가져온 떡 한쪽도 혼자 먹지 않는다. 콩 한 쪽도 나누어 먹는 인심이 골목 안에 넘쳐흐른다.

이중 삼중창에 철창문을 달고도 안심이 되지 않아 경보기 장치를 하고, 담장 위에 철조망을 감아 돌리는 도회지 한복판 주택가에 이런 풍경은 다분히 이색적이다. 그러기에 우리 동네에는 비밀이 없다. 어느 집에 경사가 있는지, 어려운 일이 있는지 대부분 알게 된다. 물론 사생활이 너무 드러나는 단점이 있다. 더구나 요즘 같은 정보화 사회에서는…. 그러나 너그럽고 풍요로운 옛 정서를 추억할 수 있어서 장점이 더 많다고 본다. 나의 일, 남의 일 가리지 않고 서로 도우며 발 벗고 나서 주는 도심 속의 후한 인심. 땅거미가 지는 저녁나절에는 동네 조무래기들이 골목 안에 쏟아져 나와 재잘거리는 모습이 옛날 우리들이 클 때를 연상시켜 향수에 젖게도 해준다.

모든 게 풍요로워진 현대를 살아가는 우리는 나만, 내 가족만 잘 살면 된다는 개인주의, 이기주의가 팽배해 있다. 우리의 정서는 점점 메말라가고 이웃에 대한 관심과 사랑이 사라져 가는 시점에서 작은 정이나마 이웃과 서로 나누는 일은 우리의 옛 선조들이 대대로 지켜온 덕목이기에 다시 찾고 지켜나가야 한다고 생각된다.

몸에 대한 인식

얼마 전 경미한 교통사고를 당했다. 고등학교 동창 모임으로 점심 식사를 끝내고 식당 앞 골목길을 걸어가는데, 뒤에서 오는 승용차가 나의 종아리를 들이받는 바람에 굽 높은 구두를 신었던 왼발이 앞으로 툭 꺾이면서 주저앉은 것이다. 발등과 발가락 사이가 접혀 몹시 아팠지만, 순간 부끄럽고 큰 외상은 없어 대수롭지 않게 여기고, 그냥 집으로 돌아와 찜질하고 물파스를 바르는 정도로 2~3일을 지냈는데, 발목과 종아리가 아프고 당기기 시작했다. 할 수 없이 병원에 갔더니 인대가 늘어나 오래갈 것이라는 얘기였다. 날이 갈수록 아파지며, 한 달이 지난 지금도 별 차도가 없어 이 병원 저 병원 순례를 하며 물리치료에 침을 맞고 있다.

교통사고는 두고 봐야 한다는 얘기가 실감된다. 서성이며 움직이면 더 아프기 때문에 6년여를 하루도 거르지 않던 새벽의 생활체조나 조깅 등을 꿈도 꾸지 못하고 걷는 일도 꼭 필요한 집안일만 겨우 하고 있다. 깁스를 하고 쉬어야 한다고 주위에서 걱정을 하지만, 살림하는 사람이 그럴 수도 없고, 더구나 대가족의 시집살이를 하고 있으니 몸을 아낄 줄 모르는 나의 성격으로서는 더욱 생각도 못 할 일이다.

언제나 관심 밖에 우두커니 세워 놓았던 나의 몸! 어지간히 아파서는 병원에 가는 일이나 약 먹는 일을 싫어하며 소화가 안 되면 굶는 것을 약으로 삼을 만치 몸을 아낄 줄 몰랐다.

"자기 몸은 자기가 생각해야지."

늘 골골하면서도 몸을 사릴 줄 모르는 내게 하는 주위의 충고였다. 더구나 온몸을 떠받치고 있으면서도 가장 아래에 위치해 신발 속에 파묻혀 천대받고 있는 발에 대해서는 더욱 관심 밖의 일일 수밖에 없었다.

어려서부터 외모에 극히 무관심했던 나는 형식을 싫어했고, 내면의 충실을 중히 여겼다. 정신적인 것에 비중을 두고, 늘 책을 가까이하며 독서와 사색에 많은 시간을 할애했다. 사촌 언니가 물려준 구두 한 켤레로 대학을 졸업했고, 대학 졸업 때 처음 맞춰 신은 단화를 보고 아버지께서 굽이 있는 신발을 신어야 종아리가 예뻐진다는 충고를 하실 정도로 멋을 몰랐다.

외모를 가꾸는 일이나 몸을 위한 일에 전혀 관심이 없던 나였는데, 이번 사고로 건강에 적신호가 오다 보니 생각이 달라졌다. 이제는 몸을 좀 아끼고 사랑해야 되겠다는 초조감마저 들어 이 병원 저 병원 드나들며 주사도 맞기 싫어하던 내가 전기 침까지 맞고 있다.

"건전한 육체에 건전한 정신이 깃든다"고 하지 않는가!

육체가 건강해야 정신력도 길러져 인간성의 완성을 기할 수 있으며 남의 몸도 소중한 줄 알고 존중해 줄 수 있을 것이라 생각한다. 더구나 사고가 아니라도 몸 구석구석에서 삐걱거리는 소리를 내는 50대가 아닌가.

몸과 마음을 부지런히 가꾸고 닦아내, 정신을 맑게 하고, 밝고 명랑한 사회를 만드는 데 조금이라도 힘을 보태는 사람이 되고 싶다.

여자와 화장

30대 후반에 들어서 새 행복의 길을 찾아드는 어느 후배 시인의 결혼식에 참석하기 위해 버스를 기다리고 서 있었다. 다른 때는 2~3분 간격으로 왕래가 잦은 110번 버스가 20여 분이 다 되도록 오지 않았고, 기다리는 줄은 꼬리를 물고 인도를 메우고 있었다.

P 시인과 소설가 E 여사와 나는 긴 줄 사이에 끼어서 무료를 잡담으로 달래고 서 있는데, 앞에 서 있던 한 여인이 화장품 선전 팜플릿을 유독 나에게만 건네주며 "아주머니, 이것 잘 읽어보시고 피부 손질을 하셔야겠어요" 하고 말했다. 조금 부끄러워 웃으며 팜플릿을 받아드니 샘플까지 몇 개씩 우리에게 건네주며 설명을 해주었다. 30대를 아직 넘기지 않은 두 문인도 덩달아 부추겼다.

"선생님, 정말 피부 좀 가꾸세요. 남보다 좋은 피부를 가지시고도 가꾸지 않아 주름이 많아요."

라며 전문적인 피부 손질을 배운 P 시인이 마사지 법까지 설명하며 당부를 했다.

그러는 사이에 버스는 왔고, 버스에 올라탄 우리는 잠시 침묵하며 버스 차창에 비친 내 모습을 바라보았다. 화장기 없는 누르스름한 얼굴이 까칠한 모습으로 거기 있었다. 순간 부끄럽고 씁쓸하고 서글프기까지 했다. 남보다 투명한 피부에 파란 실핏줄이 드러나는 가녀리고 부드러운 피부이기에, 젊은 시절은 화장을 하지 않아도 칭찬의 말을 곧잘 들었는데, 40을 훌쩍 넘긴 이제는 약하고 민감한 피부에 주름살투성이의 노인이 되어가고 있었다. 희고 곱던 피부도 너무 손질을 하지 않은 데다 나이는 어쩔 수 없는지 혈색이 없고 초라하기 이를 데 없다.

사계의 바뀜을 받아들일 사이도 없이 대가족의 시집살이에 묻혀 지내느라 여념이 없었던 탓도 있지만, 근본적으로 너무 멋을 모르는 내 천성 탓이라고 스스로를 나무란다. 특별히 외출할 일이 있을 때를 빼고는 늘 화장기 없는 얼굴로 머리를 질끈 동여매고 있는 나를 보신 시어머니 친구분께서 '며느리 화장 좀 해야 되겠다'라고 어머니께 말씀하시더라며 넌지시 좀 가꾸기를 바라는 말씀을 시어머니께서도 하신 적이 있었다.

진정한 아름다움이란 겉으로 드러난 외모에서 느껴지는 것이 아닌 내면에서 우러나는 것이라고 자신만만해하던 내 생각을 이제는 조금 바꿔야겠다는 생각이 든다. 반백의 흰머리를 거울 앞에서 뒤적여보며, 염색도 전체적으로 해야겠다는 생각이 드는 것은 내가 늙었다는 증거이리라.

별로 생각이 없던 화려한 옷도 입어보고 싶어지고, 액세서리에도 관심이 가진다. 반지 하나 끼지 않던 두꺼비 같은 내 손등을 내려다보며 이제는 거친 일을 할 때는 고무장갑을 끼고 해야겠다는 생각도 든다. 요란스러운 화장이나 번지르르하고 값비싼 옷을 입고 싶다는 얘기는 아니다. 최소한의 예절을 갖춰 입고 숨어 있는 아름다움을 찾아내 깊은 눈매의 화장을 한 우수 어린 모습으로 나이 든 아름다움을 가꾸고 싶다는 얘기다.

젊은 시절에는 '청춘'이라는 그 이유 하나로도 충분히 아름답지만, 이제는 부단히 내면적인 아름다움을 찾아내 부드럽고 잔잔한 여운을 주는 여자. 창문 너머 먼 산을 바라보는 것 같은 은근함, 누군가 가슴속에 간직한 사람을 그리워하는 저녁놀 같은 여자로 보기 좋게 늙고 싶은 것이다.

80을 넘기신 시어머니께서도 늘 거울 앞에서 얼굴을 다듬고 머리를 손질하시며 정성스럽게 화장하시는 모습을 보면 여자와 화장은 뗄 수 없는 관계인가 보다.

제자리

늦가을 장미가 피었다. 온실 속이 아닌 가을 햇빛이 쏟아져 내리는 담장 위에 피어있는 세 송이의 빨간 장미는 탄성을 지를 만치 신비로웠다. 봄에 피어야 할 꽃이 가을에, 그것도 늦은 가을에 피다니! 경이롭고 아름다운 꽃을 바라보며 처음에는 즐거웠지만, 얼마 지나지 않아 서리가 하얗게 내린 담장 위에서 제 색을 지니지 못한 채 시들어가는 꽃을 보니 아름다움보다는 애처로운 생각이 들었다.

제자리에 제빛을 지닌 채 피어나야 할 때 피어나지 못한 꽃. 은은한 향을 담장 밖 멀리 넘겨 보내며 무리 지어 화사하게 피어나던 꽃의 여왕! 초여름 황홀만을 꿈꾸며 이 늦은 가을에 피어나 애련한 아픔과 쓸쓸함만을 안겨주는 늦가을 장미도 살아있음을 기쁨으로 여길까?

세속의 일에서 때아니게 제자리 제 계절을 찾지 못하고 일어나는 일들이 어디 하나둘이랴. 계절을 구분할 수 없는 비닐하우스 속에서는 엄동에도 새파랗게 싹이 트고 진다. 있을 곳이 아닌 자리에서 사람들은 우왕좌왕 질서를 어지럽히고 사회의 기강을 흐린다.

학생은 학교에서 공부할 때 가장 아름답고, 선생님은 교단에서 학생을 가르칠 때 아름답다. 학자는 연구에 몰두할 때, 기술자는 산업현장에서 땀을 흘리며 일할 때 아름답다. 성악가는 무대 위에서 노래에 취해 있을 때 아름답고, 작가는 모든 사람이 곤히 잠든 밤 컴퓨터 앞에 앉아 작품을 쓸 때 아름답다.

이 세상에 존재하는 모든 것은 저마다 제자리를 지킬 때 건강하고 아름다운 것이다. 유행만 좇아 제 분수에 맞지 않게 허영과 낭비만 일삼는다면 우리 사회는 어떻게 될까? 우리 친척 중에 집에서 쓰는 수세미까지도 외제를 쓰는 사람이 있다. 물론 우리 젊은 시절에는 외제를 많이 선호했다. 그러나 지금은 많은 것들이 우리 것이 월등하지 않은가. 해외 직구를 통해 또는 면세점에서 비싼 외제 화장품에 눈을 돌리는 사람들을 본다. 그들이 과연 선명한 선택을 한 것인지 생각해 볼 일이다.

나 자신을 알고 각기 제자리를 지키는 사람, 그 자리에 꼭 있어야 할 사람이 되어야 한다. 守分主義 인생관을 가지고 저마다 제빛을 발하고 저다운 목소리로 제 노래를 부르며 제 존재가치를 유감없이 발휘할 때 아름다운 것이다.

집안일 나눠서 하기

30을 바라보는 아들딸을 둔 나는 '쉰세대'로 통하는 50대 중반이니, 남편과 집안일을 나눠서 한다는 일은 어딘가 어색하고 껄끄럽게 느껴진다. 더구나 오랜 시집살이를 겪다 보니 물 한 컵도 떠다 바쳐야 하는 남편을 모시고(?) 사는 셈이다.

사위가 부엌일을 거들어 주는 일은 당연한 일이며 보기가 좋고, 아들이 주방에서 서성거리는 모습만 보아도 기분이 언짢다고 이율배반적인 말씀을 하시는 80 중반의 시어머니 교육을 받고 30여 년을 살아온 우리 부부는 할 일이 엄격하게 구분될 수밖에 없다.

5년여의 교재 끝에 결혼한 내게는 꿈이 있었다. 교직의 길을 같이 걸으며 집안일은 서로 도우며 하고 자아를 성취해 보겠다는.

그러나 결혼과 함께 퇴직, 그리고 시집살이가 시작되었다. 열대여섯 식구의 치다꺼리는 물론 아이들 둘을 키우는 일까지 모든 일이 내 어깨에 짊어진 짐이었다. 그야말로 새벽 5시부터 밤 12시까지 앉아볼 틈이 없는 세월이었다.

"우리 아들들은 모두 이부자리 한 번 펴고 개지 않았다"

이 말씀이 시어머니 자랑이었다.

남편은 밖에서 돈을 벌어오는 것이 일이고, 집안일은 모두가 여자의 일이라고 자타가 공인하며 20여 년을 살아온 중년의 어느 날부터 남편이 자고 나서 이부자리를 개기 시작했다. 언제나 남편이 늦게 일어나는 쪽이었으니, 우연히 그렇게 시작된 이불 개는 일은 이제는 남편의 일로 굳어졌다. 습관이란 묘한 것이어서 이부자리를 펴는 일은 늘 내 몫인데, 개는 일은 설령 내가 늦게 일어나는 경우라도 개기가 싫어 슬그머니 부엌으로 빠져나간다.

그일 이외의 자잘한 집안일은 여자의 몫이라는 생각 속에 나 자신도 젖어 들었지만, 며칠 전 서산의 딸네 집에 갔을 때 사위가 직장에서 돌아오자마자 부엌일을 거든다고 주방에 들어서는 모습을 보니 흐뭇했다. 딸과 사위라서일까. 아들이 결혼해서 앞치마 두르고 부엌일을 거든다면 나 역시 시어머니처럼 며느리에게 호통을 치게 될까? 시집살이를 한 사람이 또 시집살이를 시킨다는 말이 있지만, 우리같이 젊은 시어머니들은 무엇인가 좀 달라져야 된다고 생각한다.

언제부터인가 산업화 과정에서 남자는 산업역군으로 오로지 바깥일에, 여자는 집안일에 매진하도록 한 결과 여자는 가사 노동과 자녀 교육에 내몰리고 말았다. 희생과 순종을 앞세워 일관된 역할을 강요당하는 여자들은 자기로부터, 가족으로부터, 사회로부터 점점 소외된다. 어머니 혹은 아내의 심연에 깔린 외로움과 서러움을 이해하고 함께 무엇인가 나누려는 마음가짐이 사회 전반에 퍼져야 한다.

세상은 달라지고 있다. 경제적으로도 맞벌이 부부가 늘고 있고 또 여자들의 자아 성취를 위해서도 여자들도 사회활동을 원하는 추세이니, 결혼을 하면 들어앉아 살림이나 한다는 것은 고급 인력 낭비이기도 하다. 경제활동을 하는 여자도 바깥일에 나서게 된 지금, 집안일은 시간이 되는 대로 서로 나눠서 하며 여자들은 자신을 존중하고 귀하게 여기며 젊은 시절의 꿈, 비전을 키워나가야 한다.

칭찬을 아끼지 말자

한 해가 저물고 있다. 깊은 겨울 언 땅을 뜨겁게 달군 대통령 선거도 끝나고 화해와 용서의 장이 펼쳐져야 할 12월 하순. 1997년을 마무리하며 새삼스럽게 한 해를 되돌아본다.

참으로 다사다난한 해였다. 연초부터 교통사고를 당해 고생을 했고 또한 문예지에 발표한 나의 졸시를 어느 무지한 시인이라는 이름을 가진 사람이 그대로 표절해 자기 지방 문학지에 두 편을 고스란히 싣는 바람에 지적 재산을 침해당하는 어이없는 일도 있었다. 식은땀을 흘리며 밤잠을 제대로 자지 못하고 그를 미워하며 보낸 몇 달. 이제 한 해를 마무리하며 '잊고 용서하자'고 마음을 비우려 노력한다. 그러나 아직도 쓰린 기억에서 벗어나지 못하고 있음은 왜일까!

IMF 한파로 추운 경제 위기와 이 계절이 주는 추위가 겹쳐 포근한 날씨에도 불구하고 여전히 춥고 음산하게 느껴진다. 이런 때일수록 우리는 마음을 따뜻하게 덥힐 수 있는 넓은 가슴이 필요하다. 모든 사물을 긍정적으로 바라볼 수 있는 눈을 가져야 한다.

며칠 전 조그만 상을 타게 되었다. 많은 선배 동료 문인, 후배들의 축하를 받았다. 특히 언론기관에 몸담고 있는 분들이 바쁜 중에도 축하 전화를 해주어 세상이 참으로 따뜻하고 살만한 세상이라고 느꼈다. 그러면서 나 자신을 돌아보는 계기가 되었다. 나도 과연 남의 좋은 일에 사심 없는 축하를 보냈는가. 남의 잘못에 관대하고 화해의 악수를 먼저 청한 적이 있었던가. 마음속으로는 칭찬의 말을 해주고 싶어도 알량한 자존심이 앞을 가려서 혹은 시기 질투로 마음의 문을 닫아걸고 오만한 태도를 보이지는 않았던가.

사람은 누구나 칭찬받기를 원한다. 어린이들은 부모님이나 선생님의 칭찬을 받기 위해, 며느리들은 시어머니와 남편에게서 칭찬의 말을 듣고 싶어 한다. 그러나 우리는 대부분 남을 칭찬하는 일에 인색하다. 어느 사보에서「밥 태운 며느리」라는 글을 읽었다. 새로 시집온 며느리가 밥을 태워 집안에 냄새가 진동하자, 시어머니는 대뜸 "너는 친정에서 밥하는 것도 배우지 못했느냐?"라고 큰소리로 나무랐다. 시아버지는 "이제는 밥도 제대로 못 얻어먹겠군"이라고 말했고, 남편은 "저런 여자를 데리고 살아야 하는 내가 한심하다"라고 불평했다. 이 글을 읽은 독자의 가정에서는 이런 일이 생겼다면 어떻게 할 것이냐는 질문을 던졌다.

지금은 시대가 많이 바뀌었다고 해도, 아직은 나무라는 말부터 하며 화를 내는 것이 우리의 시어머니들이다. 숱하게 겪은 내 또래의 며느리들, 이제 곧 며느리를 보게 될 50대 초반의 예비 시어머니들은 과연 이럴 경우 어떤 얘기로 무안해하는 며느리를 위로해 줄까.

어린아이가 방바닥에 있는 유리컵을 밟아 깼을 때 연쇄적으로 책임을 추궁하기보다는 책임을 각자 스스로에게 돌리며 자신을 책할 수 있다면 얼마나 아름다운 모습인가. 열 마디 꾸중보다는 장점을 찾아내 하는 칭찬의 말 한마디가 훨씬 능률적이고 효과가 있음을 자각하고 푸근한 사랑으로 감싸줄 수 있는 여유로운 사람이 되자.

새로 탄생한 15대 김대중 대통령 당선인께 우리 모두 칭찬과 격려로 IMF 한파를 이겨나갈 수 있는 힘을 보태자.

한 해를 보내며

'칼 마르크스'의 말처럼 모든 것을 한 번쯤 회의하게 되는 을씨년스러운 겨울이다. 겨울행 기차 개찰구에 서서 "왜?"라는 물음을, 쏟아지는 눈 속에 던져보고 싶다.

사계절은 어김없이 와서 순리대로 지나간다. 오묘한 자연의 변화를 인력으로 막을 수 없다. 시간이, 힘에 따라 사람 사는 세상이 달라지는 것을 어찌 막을 것인가.

날이 저물면 둥지를 찾는 새처럼 살아있는 모든 것들은 해가 지면 아늑한 보금자리를 찾아든다. 한 해가 저무는 마지막 달의 몇 장 남지 않은 일력을 떼어내며 사람들은 절망하고 슬퍼하며 지나간 시간을 아쉬워하고 사람을 그리워한다.

요즈음 새해를 맞이하기 위해 묵은해를 정리하는 망년회 때문에 너나없이 바쁘다. 직장에서, 각종 동아리 모임에서 또한 친구끼리 무엇인가 풀기 위해 모인다. 한 덩어리의 시간을 한 묶음씩 묶어 역사 속에 간직하려는 것이다. 그런데 풀기 위해 어울리다 보면 술에 취하게 되고 취하면 정신을 잃게 된다. 그렇게 되면 묵은해를 잘 정리할 수 있을까! 낮에는 여자들의 모임으로, 밤에는 남자들의 모임으로 대중음식점은 어디를 가나 만원사례이고 노래방도 차례를 기다리는 사람들로 대기실이 꽉 차 있다.

때는 왔다고 한없이 풀고만 있으면 가락이 깨어진다. 그렇듯 가락을 잃으면 건강이 깨어진다. 그저 먹고 마시고 흥청거릴 일만은 아니다. 한 해를 보냄이 진정 아쉽다면 조용히 모여 앉아 지난 일 년을 반성하고 돌아올 새해의 계획을 세워야 한다.

요즈음 전, 노씨 비자금 사건을 위시해서 매몰 광부의 참사 사건, 국민 모두를 분노케 하는 사이비 종교 〈아가동산〉의 파렴치한 사건 등은 이루 열거할 수 없을 만치 많은 불미스러운 일들로 신문 사회면을 장식하고 있다. 그러나 눈을 돌려 바라보면 부끄러운 일들만 있는 것은 아니다.

못 배운 것이 한이 되어 수백억 재산을 학교 재단에 기증한 사업가나 불우이웃을 말없이 돕는 독지가들, 얼마 전에는 40대 후반의 여자가 대구 가정복지회 종합사회복지관에 찾아가 소외된 노인의 보금자리 마련에 써달라고 10년 동안 모은 3천만 원을 내놓고 이름도 밝히지 않아 화제가 되었다. 또한 5년 동안 푼푼이 모은 용돈을 털어 손자의 피아노를 사준 가난한 할머니의 얘기도 감동적이다. 물론 내 손자에게 사준 일이 무에 그리 대수냐고 한다면 할 말이 없지만, 가난한 손자에게 피아노를 사주기 위해 5년 동안 푼돈을 모았을 할머니의 정성이 얼마나 눈물겨운 일인가.

이렇게 주위를 돌아보면 작게는 가정에서부터 사회 국가적으로 따뜻하고 훈훈한 일들도 많다.

농가의 댓돌 위 검정고무신 안에 들어와 앉아 있는 달빛도 이제는 볼 수 없고 묵은해를 보내며 해주는 어른의 덕담도 들을 수 없는 때, 세월이 지혜가 되어 쌓이고 경험이 역량으로 모여져 있는 분이 그립다. 돌아오는 새해에는 새로운 일을 당차게 밀고 나갈 각오를 새롭게 다짐하며 97년의 일출 앞에 조용히 서야 되리라.

언어 순화

사람이 다른 동물과 다른 점은 자기의 생각을 말로 표현할 수 있는 능력이 있기 때문이다. 오직 인간만이 자기의 사상, 감정을 남에게 자유자재로 말할 수 있음은 축복이다. 그런데 말로 인해서 많은 문제가 일어나고 남에게 본의 아닌 오해를 받거나 칭찬을 듣기도 한다. 같은 뜻의 말을 해도 말하는 사람의 인격이나 말하는 태도에 따라 상대방에게 호감을 주기도 하고 불쾌감을 주기도 한다.

우리 사회가 고도의 산업사회로 발전함에 따라 급격히 성장하는 물질만능주의 추세에 발맞추는 거칠고 강한 말들이 범람하고 있다. 특히 청소년층의 말에 은어나 유행어가 늘고 있음은 정신문화의 빈곤과 매스컴의 영향만을 무분별하게 받아들임으로써 나타나는 현상이라고 할 수 있다. 물질문화와 정신문화가 평형을 이루지 못할 때 우리의 언어는 거칠어지기 마련이다.

상대방을 부르는 호칭도 잘못된 점이 많다. 남편을 오빠나 아빠로 부르는 젊은 부인들, 애인을 형이라 부르는 일, 결혼한 부부가 각기 이름을 부른다거나 "야" "너"라고 부르는 일은 모두가 잘못된 유행만 좇는 것이다. 또한 우리말에는 상대방을 부를 때 알맞은 용어가 없다. 회사 내에서 직책이 없는 나이 많은 평사원을 어떻게 불러야 할지 곤란할 때가 있다. 잘못하면 대인관계에 영향을 미치기도 한다.

미국의 36대 대통령 존슨은 '인간관계 유지 비결의 원칙'을 적어놓고 지키도록 노력했다. 그 7가지 원칙 중의 한 가지가 "성공한 사람에게는 축하의 말을, 실망하고 있는 사람에게는 위로의 말을 할 기회를 만들자"이다.

상대방을 부를 때 가장 중요한 것은 목소리에 그 사람을 존경하는 마음을 담아, 불리는 편에서 기분이 좋아야 하고 남들이 듣기에 거북하지 않아야 한다. 또한 우리는 말을 너무 많이 한다. 꼭 필요한 용무가 있는 것도 아닌 사람들이 모여 앉아 웃고 떠드는 얘기 중에는 남의 험담이 대부분이다.

우리는 참된 말, 진실한 언어, 도리와 이치에 맞는 말들을 원한다. 신념을 가지고 가슴속에서 우러나오는 말로 상대에 따라 알맞은 말을 해야 한다. 친절하고 겸손한 말씨를 사용해야 한다. 아무리 신념을 가지고 자신 있게 얘기한다 해도 오만불손한 마음으로 거드름을 피우며 하는 말들은 심금을 울리지 못한다.

얼마 전에 우연히 30여 년 전 대학 동기를 거리에서 만난 적이 있었다. 가물거리는 기억 속에서 동기동창임을 생각해 냈을 때의 반가움은 그녀의 시종일관한 경어로 인해서 산산조각 나고 말았다. 30년 세월의 먼 길을 각기 모른 채 살아왔다 해도 꿈꾸며 살던 시절의 동기동창 앞에서까지 품위 있고 점잖은 말씨만 골라 쓰려 애쓰며 거드름을 피워야 하는지…. 말이란 때에 따라, 장소에 따라, 사람에 따라 달라야 한다고 본다.

　한번 쏟아놓은 말은 다시 주워 담을 수 없고, 한마디 말로 천 냥 빚을 갚는다는 말도 있지 않은가. "내가 상대방에게 해주는 만큼 내가 받는다"라는 존슨 대통령의 좌우명처럼 남에게 경의를 표하고, 그 사람이 듣기 좋은 호칭이나 말로 오염된 이 사회를 순화해 나가야 되리라.

행운의 편지

　아침 까치 소리는 나에게 기대와 설렘을 한껏 안겨준다. 그런 날은 하루에도 몇 차례씩 우편함을 뒤적이며 뜰을 서성이게 된다. 연로하신 친정어머니의 글월이 와 있지 않을까. 대학을 졸업한 아들의 취직을 걱정하는 친구들의 편지라도 혹은 코끝이 찡해지는 백발이 성성하신 은사님의 소식이라도 와 있지 않을까. 기다리는 마음을 누를 길 없어 빈 통인 편지함의 뚜껑을 소리 나게 닫으며 돌아설 때의 실망을 맛보면서도 그 실망을 거듭하는 모순은 나이가 든 탓이리라.

　며칠 전 아침 유별나게 크고 신선한 아침 까치 소리에 편지 한 통이 얹혀 왔다. 발신인 주소가 없는 편지이기에 더욱 궁금하여 급히 뜯어 보니 세계 각국을 떠돈다는 '행운의 편지'였다. 제대로 복사가 되지 않아 내용이 잘 보이지 않는 무성의한 편지 한 통이 아침 까치 소리에 기대를 걸었던 마음을 산산이 조각내고 만 것이다.

24시간 이내에 20통을 복사해서 각기 다른 사람에게 보내지 않으면 안 된다는 내용에 이르러서는 소름 끼치는 불쾌감과 혹시 하는 중년 여인의 나약함에 이러지도, 저러지도 못한 채 책상 위에 놓아두었다. 오후에 학교에서 돌아온 작은아이는 그 편지를 읽고 아이들 특유의 긍정적인 행운 쪽에 기대를 걸며 20통을 복사해서 보내보자고 했다. 결국 대수롭지 않게 보아 넘기는 남편에 의해 다른 사람에게 당혹감을 주는 일을 하지는 않았지만, 며칠이 지난 지금도 마음 한구석에 개운치 못한 찌꺼기가 남아있다.

'행운의 편지'라면 글자 그대로 받는 사람에게 기쁨을 가져다주는 편지라야 되지 않을까. 행운은 뒤로 미루고라도 우선 받아서 즐거워야 될 텐데, 오히려 불쾌하기 이를 데 없으니 이런 편지를 장난삼아 또는 유행을 따라서 보내는 일은 없어야 된다고 본다.

20여 년 전이나 별로 다른 것이 없는 이런 편지들을 보내는 사람들은 허무맹랑한 이야기로 다른 사람의 마음을 어수선하게 하는 일보다는 멀리 계신 부모님이나 은사님께 안부 편지 한 통이라도 올려드림이 어떨까!

한가위가 돌아왔다. 옛날과 달리 한가위 풍습이 퇴색되어 차례 지내는 일 외에는 별 특별한 것이 없다. 아이들도 이제는 명절을 기다리지 않는다. 평소에 먹을 것, 입을 것 걱정이 없으니 명절날 포식을 기다릴 필요가 없는 것이다. 그래도 명절은 소중한 것이다. 땀 흘려 지은 농산물로 조상의 차례를 지내고 좀처럼 만나기 어려운 일가친척이 한자리에 모일 수 있는 좋은 자리인 것이다.

그러나 교통 사정이 너무 힘들다 보니, 추석에 고향의 부모님을 찾아뵙지도 못하는 사람들이 많으리라. 더구나 IMF 시대이니 경제적인 어려움이 가중되어 더욱 그러하다. 그런 사람들은 고향의 부모님이나 은사님께 편지 글월을 올려 은혜를 다시 생각해 봄도 좋으리라.

나이와 근육과의 상관관계

정부청사역 엘리베이터 속에서 나는 깜짝 놀라고 말았다.

몇십 년 만나지 못한 대학 후배를, 엘리베이터를 타고 내리는 과정 중에 잠시 만나고부터 나의 놀람은 꽤 오래 지속되었다.

갈마동에서 운동이 끝난 후, 집으로 오기 위해 정부청사역에서 엘리베이터를 타려는데, 앞에서 캐리어를 끌고 들어서는 아주 마른 노인들과 마주친 순간 단번에 알아차린 두 분이 후배 부부였다. 어디 여행을 다녀온 듯 무거운 캐리어를 끌고 들어오는 모습에서 아무리 말랐어도 단번에 알아볼 수 있었음은, 그들이 평소에도 틈만 나면 외국 여행을 다니는 모습을 알았기 때문이었다.

젊은 시절 부부 교사였던 그들은 자녀를 두지 않았다. 철저하게 자신들의 생을 잘 살기 위함이라는 통설이었지만, 사실 확인된 것은 아니었다. 겉으로 드러난 사실과 다를 수도 있기에 속단을 내릴 수는 없는 일이 아닌가! 어떻든 그들은 평생을 자녀 없이 두 부부가 오순도순 현직에 있으면서 세계 각국 여행을 다니고, 자신들이 하고 싶은 취미생활과 운동을 열심히 하며 사는, 극히 현대적인 감각과 사고방식을 가진 사람들이라고 생각되었다. 몸 관리를 너무 잘해서 평생 살이 찐다거나 너무 마른 몸도 아닌, 적당히 큰 키에 날씬하고 반듯한 몸매의 소유자들이었다. 그런데 오랜만에 엘리베이터에서 잠시 만난 그들은 너무 깡마른 몸이었다. 그래도 활짝 웃는 후배의 모습에서 그들의 현재 마음을 확인할 수 있었다.

나이를 먹으면서 근육이 다 빠져 몹시 마른 몸이 된 나 자신을 그 후배 여선생에게서 보았다. 늘 "너무 말랐어, 살 좀 쪄라." 주위에서 내게 얘기하는 사람들의 충고를 귀담아듣던 나는, 많은 것을 생각하게 하는 순간이었다.

나 역시 학창 시절 빼고는 통통하다는 소리를 들어보지 못했다. 작은 체구에 가녀린 몸매로 중장년을 보냈다. 남들이 한창 살 걱정을 하며 온갖 살 빼기 작전에 돌입해도 나는 걱정을 하지 않았다. 오히려 날씬하다는 칭찬에 우쭐해 보기도 했다. 나름대로는 열심히 운동을 한다고 했고, 자긍심을 가지고 산 중장년의 세월이었다.

그런데 남들이 어르신이라고 불러주는 요즘 시점에서는 정말로 듣기 싫은 말이 너무 말랐다는 얘기다. 시내버스를 타도 젊은 사람 옆에 서면 자리를 양보해 주는 사람들이 생기고, 또 양보해 주지 않아도 불편한 기색을 보이는 학생들도 있어, 오히려 내가 그들 옆에 서 있기가 민망해 피한다. 물론 기운이 없어 보이겠지. 그러나 뚱뚱하지 않으니 돈 들여 다이어트할 걱정이 없고, 또 아직은 무릎 관절이 심하게 아프지 않으니 걷기 운동도 할 수 있고, 몸이 가벼우니 젊은 사람들과도 어울릴 수 있어 이 또한 얼마나 큰 행운인가. 하루에 만 보 걷기 운동은 거뜬히 할 수 있고, 평균적으로 하루 한 시간 정도의 운동은 하고 있으니 다행스럽다. 자고 나면 허리가 아프고 어딘가 아픈 곳이 많아지는 나이이긴 하지만, 나름대로 다독이며 조심하면서 살고 있음이 재미가 있어 평범한 일상에 문득 감사한 마음이 든다. 너무 무더운 날씨에 조심하시라는 애들의 전화도 희망을 부추김에 한몫하는 셈이다. 다만 근육이 자꾸 빠져나가 체중 증가가 없으니 근육 운동도 게을리하지는 말아야 되겠다.

4부
내 인생 한 권의 책

•• 내 인생 한 권의 책

독일 국민에게 고함

사춘기 시절인 고등학교 때 작가 피히테에 대해서 배우고 그의 용기 있는 삶에 무한한 동경을 느끼게 되었는데, 우연히도 피히테의 『독일 국민에게 고함』이란 책을 접하게 되어 독후감을 써 보았다. 학교 시절의 단편적인 지식이 아닌, 보다 깊은 이해로 피히테에 대해 심취하기 시작한 계기가 되었다.

1762년 작센의 작은 마을 람메나우에서 가난한 리본 공장 직공의 8남매 중 장남으로 태어나 1814년에 세상을 떠난 독일의 철학자 피히테는 생각과 행동의 일치화를 추구한 진정으로 용기 있는 지성인이다. 용기 있는 사람이라고 흔히 말할 수 있는 사람도 국가적인 위기를 맞아 선뜻 용기를 발휘하기는 쉽지 않은 일인데, 피히테는 독일 관념론의 거봉으로서 칸트의 관념론을 철저히 체계화하려 했으며 헤겔에의 길을 연 철학사에 길이 빛날 이름이다. 그러나 그의 철학사적 위치보다도 나폴레옹 점령군과 맞서 조국의 패망이라는 치욕과 비운을 딛고 일어나 세계사의 지도적 국가로 재생할 길을 절규한 피히테를 기억해야 한다.

이 『독일 국민에게 고함』은 독일 국민의 정신을 사로잡고 있는 이기심에서 탈피해 독일을 부흥시키기를 호소한 강연문이다. 독일을 패망에 이르게 한 근본적 원인인 이기심을 타파하는 새로운 국민 교육을 해야 한다는 것으로, 국민 교육이란 결국 인간 교육으로서 지식을 축적하는 것이 아니라 스스로 하나하나 터득해 나가라는 교육이다. 정신적으로 주체적 활동을 강조하는 이 글은 읽는 사람에 따라 풍부한 각성을 하게 한다.

첫째, 진정한 조국애가 무엇인가를 배울 수 있다. 자기 민족의 고유한 언어와 문화에 대한 사랑이 조국애라고 생각한다.

둘째, 교육의 올바른 방향, 즉 국적 있는 교육의 방향을 제시한다.

셋째, 참된 주체성, 특히 민족적 주체성이 어떤 것이어야 하는가를 느끼게 한다.

넷째, 거시적인 안목과 그의 인내심은 우리에게 각별한 감동을 주는 것으로 서두르지 말고 확고하게 교육에 의해 최종 목적에 도달하자고 설득하는 태도는 무척 교육적이다.

다섯째, 지성인의 역할이 무엇인가를 다시 생각하게 한다. 독일 국민을 태만의 상태에서 절망에 빠지지 않게 분발시키는 교육의 길이 무엇인가를 찾으려고 애쓰는 모습과 오늘을 사는 지성인의 사회적 역할과 용기 있는 자세에 대해 반성하게 하는 피히테의 정신은 교육자의 입장에서 공감하는 바가 크며 본받을 만한 가치가 있다고 생각되어 감명이 컸다.

❖ 《대전여성문학》 창간사

낮은 목소리로 물 흐르듯

　개성이 사라져 가는 시대, 획일화 되어가고 규격화 되어가는 경직된 사고의 시대에 가성의 목소리만 높아가고 허망한 유행과 헛된 제스처만 느는 시대에 살고 있는 문학인이 해야 할 일은 무엇인가.

　옛것을 모두 잃어가는 시대에 문학인은 가장 기본적인 인간성 회복을 위한 영혼의 소리에 귀 기울여야 할 때다.

　지금 창밖에는 봄이 무르익는 자연의 소리가 들리고 문민 시대를 맞은 사회는 변화와 질서를 외치고 있다.

　정보화 시대에 우리 문학계의 두드러진 현상은 문학에 즉 글 쓰는 일에 관심을 가진 사람들이 날로 늘어나고 있다는 사실이고, 더욱 반가운 일은 여성 문학인이 늘고 있다는 사실이다. 몇 년 전만 해도 대전, 충남에 여성 문학인이 손꼽을 정도였는데, 요즈음에는 수십 명의 여류 문인들이 활발한 문학 활동을 전개하고 있고, 각 동인단체나 〈문예대학〉 〈창작교실〉등에서 열심히 문학 수업을 받고 있는 여성들을 보면서, 그들 여성 문학 인구의 디딤돌이 됨은 물론 여성 문인 상호 간의 돈독한 정의 나눔터, 창작 의욕 고취를 위해 1993년 봄, 책의 해에 우리 여성 문학인의 이야기를 찬란한 꿈처럼 엮어낸다.

서로의 인식의 폭을 넓히고 아름다운 역사를 추구하며 창조하는 가교가 되기를 희망하며 우리는 모였다.

우리가 살아있다는 것 자체가 행복이고, 거기에 글을 쓴다는 것은 더없는 축복일진대 여자라는 이름 하나로 폐쇄적이고 수동적이며 항상 뒤에만 서게 되는 우리는 서로가 개성을 존중하며 자아의 확립을 위해 결코 높지 않은 목소리로 여성임을 이야기하려 한다. 낮은 목소리가 모여 하나의 오케스트라가 되기를 희망한다.

우리는 우리의 맥박 소리를 중히 여긴다. 우리의 눈물, 우리의 가슴, 우리의 언어로 노래하려 한다. 결코 서둘지 않으면서 또한 쉬지 않고 시냇물 흐르듯 흘러갈 것이다.

지향의 몸부림이 저마다 여울져 나와 하나의 냇물로 어울려 흐르다가 강이 되고 종래에는 한 바다로 도달해야 할 염원을 지닌 흐름이다. 하늘이 주는 햇빛과 땅이 주는 온갖 요건들을 얼마만큼 잘 받아서 큰 물줄기를 이룰 수 있느냐 하는 것이 우리의 과제다. 여기서 말하는 큰 물줄기란 의미는 오늘의 한국문학이고, 그 속에서 줄기차게 흘러야 할 우리들의 포부이고, 나아가서는 한 바다, 즉 세계의 문학에까지 도달해야 함을 목표로 한다.

글을 쓰는 일은 독특한 작업이고, 그 작업은 현실보다는 먼 훗날의 역사적인 한 획을 긋는 작업이기에 늘 새로움을 창조해야 한다.

질서에 의해 운영되고 화합과 평화를 존중해야 하며, 현실을 냉철하게 바라보며 어제를 반성하고 내일을 빛낼 수 있는 좋은 문학작품을 창작하는 생활인이며 여성이기를 원한다. 회원 저마다가 거듭 태어나는 자세로 글을 쓰고 다듬는 신인의 자세를 고수하면서 하나 된 흐름을 틀고 맑은 결심이다. 너무 쉽게 늙고 퇴락하고 싶지 않기 때문이다.

우리 여성 문인들의 마지막 말은 문학 작품이 해줄 것이고 이 아름다운 봄 향수 속에 묻힌 독특한 작품 세계를 꾸준히 펼쳐나갈 생각이다.

문민 시대의 개막과 더불어 대전 EXPO′ 93을 맞이하여 이 창간호가 보다 많은 여성 문인의 참여의 장이 되기를 바라는 마음 간절하다.

초대 회장 최 자 영

❖《대전여성문학》제2집 발간사

아름다움을 향해

여성들이 갖는 최대의 관심사는 아름다움에 있다. 선천적으로 타고난 미모 외에 여성 자신이 창조해 간다는 마음이 있어야 아름다워지고, 아름답다는 것은 곧 여성답다는 얘기이기도 하다. 우리가 존경과 찬양을 보내는 여성들의 대부분은 그녀들 자신이 아름다움을 창조해 낸 여성들이다. 화장술이나 성형술에 의존함이 아닌 자신이 처한 상황에서 좀 더 보람되고 슬기로운 개척 정신과 독특한 개성을 창출해 낼 때 아름다운 것이다. 그런 의미에서 우리는 이번 2집에 여성사를 특집으로 꾸몄다.

각자의 처한 시대 상황에 적응해 나가며 그 속에서 여성임을 독특하게 드러낸 여성들. 그 이름을 후세에 길이 빛낼 여성들을 문학 작품으로 승화시켜 봄으로써 여성에 대한 인식을 새로이 하자는 의도에서다.

과거 여성들의 아름다움을 가려내 본받고 날로 국제화 되어가는 오늘의 세계에 발맞추어 새로운 개혁의 길을 모색하고 있는 때에 우리 여성 문학도 좀 더 새롭고 국제화, 개방화 되어야 함을 느낀다.

아직은 미숙한 점이 많은 우리들이지만 여성이라는 자긍심으로 서두름 없이 아름다움을 향해 항해를 계속할 것이다. 경제적, 시간적인 여건이나 여러 가지 어려운 점에 부딪치기도 하지만, 서로가 내가 아닌 우리라는 협동과 양보로 여성 문학을 발전시켜 나갈 것이며 보다 좋은 작품을 쓰기 위해 노력할 것이다.

 꽃들이 만개한 화사한 봄날에 아름답기 위하여 좀 더 깊이 사색해야 되리라.

 부끄러움과 가슴 설렘으로《대전여성문학》제2집을 내보인다.

회장 최 자 영

김영진의 집대성(集對成) 방송

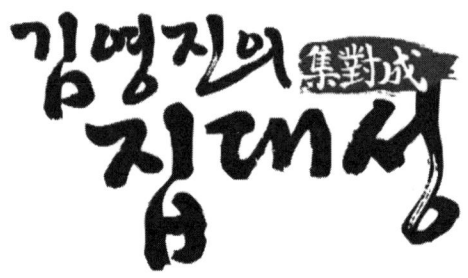

촬영 일시	2018년 1월 9일(화) 오후 2시
방영 일시	2018년 1월 25일(목)
촬영 장소	
출 연 자	최자영 시인

Opening

김영진   많은 사람들에게 감동과 깨달음을 주는
            문학작품의 힘은 정말 대단합니다.
            하지만 글로 사람의 마음을 흔들고, 감동시키는 능력이
            누구에게나 주어지는 것은 아닌데요.

            우리 지역에도 따뜻한 글의 힘으로
            많은 이들에게 감동을 전하는 문인이 있습니다.

            오늘 집대성에서는
            아름다운 문학의 향기를 전하고 계시는
            우리 지역 최자영 시인과 함께합니다.

Talk 1

김영진   안녕하세요.
바쁘신 가운데 시간 내주셔서 감사드립니다.
시청자 여러분들에게 인사 한 말씀 부탁드립니다.

최자영   시청자 여러분
무신년 새해를 맞이하여 더욱 건강하시고 소원하시는 모든 일 성취하시길 기원합니다.

김영진   새로운 2018년이 시작됐습니다.
요즘 시인님의 최대 관심사는 무엇인가요?

최자영   국내외적으로 어수선하고 경제도 어려운 이 시점에 어떻게 하면 독자들의 가슴에 좀 더 따뜻한 온기와 행복감을 줄 수 있는 시를 쓸 수 있을까를 고민하고 있습니다. 해서 지난해 10월 말경 제6 시집인 『내 안의 그대』를 낸 후 2018년 1월 말 예정으로 되어 있는 『섬서구 메뚜기』의 마무리 단계에 있습니다.
독자들의 가슴에 훈훈한 온기를 줄 수 있다면 큰 보람으로 생각하고 글 쓰는 일에 매진하려는 것이 저의 신년 계획입니다.

김영진	수필 내용을 보면 어린 시절의 이야기와 마주할 수 있습니다. 과거 시인님의 어린 시절을 되돌아봤을 때 어떤 아이였나요?
최자영	소극적이고 소심하면서 겁이 많은 아이였습니다. 무슨 일이든 단호한 결정을 내리지 못하고 앞을 두려워하며 뒤로 한 발 물러서기만 하는 못난이이었어요. 예를 들어 친구와 말다툼을 했을 때 그 애와 화해하기 전에는 잠도 자지 못하고 밥도 먹지 못하는 아이였지만 그러면서도 끈질기게 미련의 끈을 놓지 못하는 끈기 있는 아이. 그러기에 결국은 원했던 문인의 길에 들어서게 되었는지도 모릅니다. 겨우 말을 시작한 무렵의 일화가 있습니다. 공주시 이인면 초봉리에 살았을 때의 일입니다. 마당가에 웅덩이가 있었는데 제 밑의 연년생 동생이 멋모르고 물속에 들어가는 것을 보고 "들어가지 마, 죽어" 하는 제 말에, 부엌에 계시던 어머니가 듣고 뛰어나오시어 건져낸 일이 있습니다. 저는 기억에 없지만 후에 어머니가 말씀하셔서 알았어요. 학교에 들어가게 되면서 공주 시내로 이사를 왔고 가난한 형편이었지만 교육열이 있으셨던 아버지는 저와 남동생

둘을 나란히 책상 앞에 앉혀놓고 회초리를 들고 뒤에 앉으셔서 공부를 시키셨어요. 부모님 말씀에 지극히 순종적이었던 저는 한 번도 꾸지람을 듣고 자라지 않았습니다.

김영진   어린 시절, 책을 많이 읽는 문학소녀였을 것 같은데 맞나요?

최자영   네, 공주사범 병설 중학교 시절이 제일 책을 많이 읽었던 시절이었습니다. 명작 소설뿐 아니라 무슨 책이든 문학 서적을 가리지 않고 읽었습니다. 책을 일일이 사 볼 형편이 아니었기에 공주 시내의 서점을 돌며 한 권의 소설을 나누어서 읽곤 했습니다. 알베르 카뮈의 『이방인』, 헤밍웨이의 『노인과 바다』, 톨스토이의 『부활』, 빅트로 위고의 『레 미제라블』, 루이제 린저의 『삶의 한가운데』 등. 특히 모파상의 『여자의 일생』은 중학생이었던 저의 가슴에 깊은 감동을 주었습니다. 유복하게 자란 여주인공 잔느의 처절한 일생을 통해 인생의 덧없음을 느끼게 되지만 자신을 배반했던 하녀 로잘린이 잔느의 아들이 낳은 아기를 데리고 와서 잔느에게 안겨주자, 새 생명에 대한 희망을 다시 품게 되는 주인공 잔느의 희망이 곧 여자의 일생이라고 알게 되는 내용인데 하녀 로잘린이 잔느에게 한 마지막 말 "인생이란 그렇게 행복한 것도 불행한 것도 아니로군요"라고 한 말이 아직도 잊혀지지 않고 있습니다.

김영진   어린 시절 습작도 많이 하셨나요?

최자영   초등학교 시절에는 일기처럼 매일 글을 썼습니다. 중학생이 되면서 1, 2학년 담임 선생님께서 국어 선생님이셨기에 더욱 글에 다가갈 수 있었던 듯싶습니다. 방학 숙제로 낸 3편의 글을 쓰기 위해 한 달 내내 글을 써서 예쁜 그림까지 그려서 표지도 만들어 나름대로 한 권의 문집을 만들어 내서 선생님의 칭찬을 많이 들었어요. 동생들의 작문 숙제는 도맡아 해주었고 고등학교에 들어가서는 《학원》이라는 학생 잡지에 작품을 투고해서 상도 많이 받고《학원》학생기자에 응모해 지방 학생 기자가 되어 공주 지방 소식을 전하는 일도 했습니다. 《학원》지 투고란에 낸「곗돈」이란 단편은 작품을 선택하셨던 김동리 선생님으로부터 구성력이 뛰어나다는 극찬도 들었습니다. 제8회 〈학원문학상〉에 "첩경"이란 단편이 입선되기도 했고 고교 시절에는 백일장에서 여러 번 상을 타기도 했습니다. 그런 모든 것들이 습작이 아니었나 싶습니다.

김영진   글쓰기에 소질이 있다는 생각은 언제 처음 하셨습니까?

최자영   초등학교 6학년 때 교통안전 표어를 공모한 적이 있었습니다. 담임 선생님께서 써내라 해서 아무 생각 없이 써냈는데 그것이 1등 당선의 영예를 안아 그 표어가 전국적으로 벽에 붙여진 적이 있었습니다. 그때 저에게 글에 대한 소질이 있는가 생각이 들었습니다.

김영진   꿈 많던 문학소녀가 자라서 사람의 마음을 흔드는 시인이 됐습니다. 1986년 《월간문학》으로 등단을 하셨는데요. 등단 작품은 무엇이었나요?

최자영   고등학교 시절에는 학교 교지 편집 위원과 《학원》 잡지의 학생 기자, 대학 시절에는 학교 학보사 기자, 《여원》 모니터 등 글과 관계된 활동을 많이 했지만 결혼을 하고 대가족의 살림을 도맡아 하면서 문단 데뷔는 꿈도 꾸지 못하고 살았습니다.
1984년 대전MBC 제1회 금강보호백일장에 참여하게 되어 「금강」이란 주제로 글을 써서 최우수 당선이 되어 몇 달을 금강 보호 차원에서 아침저녁으로 저의 시 한 연을 자막으로 만나게 되었습니다. 그 이듬해 1985년에는 서울에서 한국여류문학인회 주최로 열린 백일장에서 시 부문 1등 당선이 되었습니다. 중앙의 일간지와 서울의 3사 방송사 출연 등 신춘문에 당선 못지않은 호사를 누리면서 저의 문학열은 불타올랐던 듯싶습니다.

그것이 계기가 되어 밤을 새워 글을 쓰게 되었고 1986년 한국문인협회 기관지인 《월간문학》 신인상에 「새치를 뽑으며」가 당선되어 문단에 나오게 되었습니다. 그때 저는 새치를 뽑는 나이가 되어 있었습니다.

김영진   등단을 하게 된 순간!
그때 느꼈던 마음이 여전히 생생하실 것 같은데 어떤가요?

최자영   1986년 8월 어느 날 저녁 식사 중인데 서울의 월간문학사에서 전화가 왔어요. 《월간문학》 신인상에 당선되었다는 소식과 함께 심사하신 선생님께서 직접 전화를 주셨는데 기성 시인 중에 허영자 시인이 계시니 이름을 바꿨으면 좋겠다는 말씀이었습니다. 그 자리에서 생각나는 이름이 없어 "제 이름을 거꾸로 해주세요"라고 답해서 결국 시단에서의 이름이 〈최자영〉이 되었습니다. 순간순간 기대는 해보았어도 갑자기 당선 소식을 듣고 세상을 다 가진 듯 행복했어요. 반복되는 똑같은 일상에 힘들었던 제게 너무 큰 기쁨이었습니다.
누구의 엄마, 며느리, 아내로 불리던 제게 최자영이란 이름이 새롭게 주어졌다는 것이 가장 행복한 일이었습니다.

김영진　등단을 했을 당시, 문단 상황은 어땠나요?

최자영　시대적 상황에 따라 80년대에 들어서는 시인의 수가 증가하였으나 대전의 여류는 제가 등단했을 86년도까지는 다섯 손가락 안에 들었습니다. 경제 성장에 따라 제한되었던 문학잡지 등록 제한이 해제되면서 문학잡지의 원고 청탁이 자주 들어왔고 여기저기 주목을 받게 되어 방송 출연도 자주 하게 되고 신문의 칼럼도 돌아가며 모두 쓰는 바쁜 일상이 계속되어 저는 새로운 활기를 찾고 세상에 다시 태어난 듯한 기쁨에 젖은 날들의 연속이었습니다.

김영진　등단 후, 삶의 방향이 많이 달라졌을 것 같은데요?

최자영　대가족 생활을 하면서 새벽 5시면 일어나 시누이, 시동생들 도시락을 싸며, 저의 아이들 챙기며, 오직 집 밖을 모르고 개미 쳇바퀴 도는 일상을 살다가, 문단에 들어서게 되니까 변화가 왔습니다. 문학지의 청탁 원고 쓰기, 신문의 칼럼 등 제 이름이 들어간 우편물이 오고, 잡지가 오고, 전화도 받게 되고, 집안일을 하면서도 제 일이 있다는데 더 부지런히 즐기며 일할 수 있었고 활력이 있었습니다. 오랫동안 꿈꿔왔던 일이 이루어진 것에 대한 자긍심도 컸습니다. 학창 시절 펜팔이 유행할 때 《학원》지나 학생 잡지들에 투고된 저의 작품을 보고 전국 각지의 문학소년·소녀들이 보내온 편지들을 읽을 때의 설렘을 다시 찾은 듯 활기에 넘쳤습니다.

김영진   사실 시인께서는 공주교대를 나오셨습니다.
선생님의 삶과 문인의 삶, 무엇이 다르다고 생각하십니까?

최자영   궁극적으로 교직자의 삶과 문인의 삶은 같다고 할 수 있습니다.
학생들을 가르치려면 감동과 감화를 주는 것이 교육이기 때문이고, 문인 또한 글을 써서 독자들에게 감동을 주고 감화를 주는 것이기 때문에 같다고 볼 수 있지요.
다만 교직자의 삶은 학생들을 우선해서 학생들의 성장을 도와주는 삶이라면, 문인의 삶은 나의 감정에 충실한

　　　　　　삶이기에 그것이 다르다고 할 수 있습니다.

김영진　　문인으로 살아가는 삶, 가장 어려운 점은 무엇일까요?

최자영　　젊었을 때는 늘 시간이 부족한 것이 어려움이었는데, 지금은 반짝이는 감성이 떠오르지 않는 것이 어려움입니다. 여행을 하면서 여러 가지 경험과 견문을 넓혀야 되는데, 이제는 여러 가지 제약이 따르기에 어려움이 있습니다. 특히 의욕과는 다르게 건강이 따라주지 않는다고 할까요?
　　　　　　그러나 반면 반짝이는 감성 대신 원숙한 삶이 묻어나오니 나름대로 열심히 노력하고 있습니다.

김영진　　지난해 문단 내 성폭력 문제가 불거지기도 했습니다. 지역 원로 문인으로서 많은 생각을 하셨을 것 같은데요?

최자영　　문단 내에서 성폭력 문제가 불거져 나오는 것이 문단에 몸담고 있는 한 사람으로서 매우 가슴 아프게 생각합니다. 이런 일이 더 이상 있어선 안 되겠지요.
　　　　　　모든 예술 활동에서 기능만 중시할 것이 아니라 기본적인 인성을 갖추어야 한다고 생각됩니다.

Talk2

김영진   글의 영감은 주로 어디서 많이 얻으시는 편인가요?

최자영   저는 글의 영감을 딱 어디에서 얻는다고 말할 수 없습니다. 일상생활 속의 잡다한 생각, 감정, 고민에서도 얻고 자연환경 속에서도 만나게 됩니다. 스마트폰을 들여다보고 있는 젊은 사람들을 바라보는 지하철 안에서 영감을 얻고, 비 오는 창밖 풍경 속에서도 영감을 얻곤 합니다. 비 오는 창밖을 바라보며 울고 있는 하늘의 눈물을 시에 담기도 하고, 내 스스로 비가 되어 울고 있는 자신을 발견하고 시의 주제로 삼기도 합니다.

김영진   작가들은 새벽에 글을 쓴다는 사람, 새벽부터 일어나 책상에 앉는다는 사람 등 다양한 작업 패턴을 가진 것 같습니다. 시인님의 경우 주로 언제 글을 쓰시는 편인가요?

최자영   저는 젊은 시절부터 주로 깊은 밤에 글을 씁니다. 대부분의 문인이 그러리라 생각하지만, 저는 가족들이 다 잠들기 전에는 잠들지 못하는 예민한 성격 탓에 글도 식구들이 다 잠든 밤에 씁니다. 요즘은 더러 지하철 속에서 시의 초를 잡기도 합니다.

더구나 나이가 들어가면서 불면증에 시달리다 보니 밤

에 글을 읽고 쓰는 일이 일상이 되었습니다.

김영진   시를 쓰고 수필을 쓰면서 한 번쯤은 권태기가 찾아오기도 하고 딜레마에 빠지기도 하셨을 것 같은데요? (어떻게 극복하셨는지?)

최자영   권태기가 찾아온 적은 없습니다만, 딜레마에 빠진 적은 있습니다.
나이가 들어가면서, 또한 생활에 시달리면서 시가 내게 아무런 위안이 되지 못하는데, 남에게 얼마나 위안이 되며 희망을 줄 수 있을까 하는 회의가 일어서 한때 방황하기도 했습니다.
글에서 멀어지다 보니 자신이 없어서 더욱 그랬지요. 해서 4번째 시집을 2003년에 내고 제5 시집을 2012년에 내었으니 거의 10년 만에 한 권의 시집을 더 엮은 것이지요.
그때는 아이들이 결혼을 해서 분가해 나가고 북적대던 시누이네 식구들도 자리를 찾아 돌아간 때라 여유롭게 글을 쓰리라 생각했는데, 연로하신 시어머니의 병환과 작고 그리고 남편의 위암 수술과 작고, 몇 년 사이에 너무 아픈 일들이 겹치다 보니 희망을 잃었다고나 할까요.

그런 제게 고향 공주는 구원의 빛이었습니다. 옛 고향집을 찾아 흔적을 찾아보기도 하고 학생 시절로 돌아가 모교를 방문하며 학창 시절 밤새워 읽었던 명작들을 다시 찾아보며 스스로 성찰해 보는 시간을 갖고 극복했습니다.

김영진　선생님께 시를 쓰게 하는 에너지는 어떤 것이 있을까요?

최자영　저에게 시를 쓰는 에너지는 감사하는 마음이라 할 수 있습니다. 부모님의 각별한 사랑, 자연이 주는 아름다움과 신비스러운 변화들은 제가 시를 쓰는 데 큰 힘이 되어줍니다. 어린 시절부터 남다른 사랑을 주셨고 제가 하는 모든 일을 믿고 응원과 칭찬을 주신 부모님께 감사하는 마음이 제 시작의 원동력이라 할 수 있습니다.
그래서 「중학동 일기」나 아버지를 노래한 「지는 해」 연작시를 쓰게 되었습니다. 「중학동 일기」는 31편을 썼고, 「지는 해」도 10편 이상 썼고 계속 이어 나갈 생각입니다.

김영진　선생님이 추구하는 시의 세계도 궁금한데요?

최자영　저의 시 세계는 한국 고유의 전통 의식인 효와 여성성을 바탕으로 하고 있습니다. 효를 바탕으로 평범한 여성의 일상과 고향, 부모님에 대한 사랑을 표출하려고 노력하고 있습니다. 여성의 일상, 평범한 일상에서의 탈피 등을 주제로 시를 읽는 독자들에게 따뜻한 가슴을 지닐 수 있게 하고 행복함을 느낄 수 있는 서정적인 시를 쓰려고 노력합니다.

김영진 선생님의 삶에서 시란 무엇일까요?

최자영 저의 삶에서 시란 진부한 삶의 활력소라 할 수 있습니다. 자아실현이고 시를 통해 고통스러운 현실에 대한 위안과 마음의 평화 그리고 독자의 공감을 얻었을 때의 자긍심이라고 할 수 있습니다.

김영진 모든 작품이 애틋하겠지만, 그중에서도 가장 아픈 손가락인 작품이 있다면 무엇일까요?

최자영 1985년 서울 한국여류문학인회에서 주최한 전국백일장에서 1등 당선한 「이웃」이란 주제로 쓴 글에 애착이 갑니다.
등단 전의 작품이긴 하지만, 이웃 간의 소통이 소원해져

가는 우리 사회 정화를 염원하며 쓴 시이기 때문이고, 저에게 다시 글을 써야겠다는 강한 의지를 심어준 계기가 되었기 때문입니다.

김영진　언젠가 꼭 한번 다루고 싶은 시의 주제나 수필의 주제도 있을 것 같은데요?

최자영　제가 여성성을 중시하다 보니 여성 선각자들의 삶을 조명해 보고 싶습니다.
예를 들면 전혜린이나 나혜석 등 앞서 달리던 여성 선각자들의 삶을 시로 승화해 보고 싶습니다.

김영진　대전여성문학회 초대 회장을 맡기도 하셨습니다. 그때는 문단의 상황이 잘 가늠 안 되지만, 현재는 여류 작가들의 파워가 아주 대단한 것 같은데요?

최자영　1990년대에 들어서면서 대전 지역에도 문인들 특히 시인들이 많이 문단에 나왔고 문학단체들도 속속 나오기 시작할 때였습니다. 여성 문인들이 늘어나는 추세에 걸맞게 우리 지역에 여성들만의 단체가 없던 터라 여성들만의 모임을 가져 좀 더 활발하게 활동해 보자는 취지로

　　　　　1992년 처음으로 모임을 하고 제가 초대 회장을 맡게 되
　　　　　었습니다.

김영진　　대전여성문학회는 어떤 모임인가요?

최자영　　대전여성문학회는 여성 문인의 저변 확대와 활성화를
　　　　　위하여 1992년 6월에 발기인 대회를 갖고 추진위원회를
　　　　　구성하여 전격 결성이 되었습니다.
　　　　　대전 지역의 처음인 여성 문학 단체라 방송이나 신문에
　　　　　서도 적극적인 호응과 홍보로 30여 명의 회원이 구성되
　　　　　었고, 시와 시조 수필 소설 평론 등 총망라가 되었으며
　　　　　처음 발족은 대전뿐 아니라 충남까지 아우르는 대전·충
　　　　　남 여성문학회로 발족이 되었습니다.
　　　　　대전·충남 지방의 여성 문인들이 거의 다 가입되어 1년
　　　　　에 한 번씩 회지를 발간하고 시화전을 개최하는 등 활발
　　　　　히 활동했습니다. 그러다가 지원금 문제로 중간에 대전
　　　　　여성 문인들만 수용하게 되었습니다.

김영진　　현재도 대전여성문학회 활동을 활발히 하신다고 들었는
　　　　　데요?

최자영　네, 그렇습니다.
　　　　한 번도 거른 적 없이 회지가 발간되어 2017년 제25집이 발간되었고, 여전히 모든 장르 회원으로 구성되어 있으며 각 분야에서 두각을 나타내고 있습니다.
　　　　2017년 지난 연말에도 제가 〈정훈문학상〉 대상을 받았고, 남상숙 수필가가 〈운초문학상〉을, 채정순 동시인이 〈대전문학상〉을 받는 등 굵직한 상들을 받으며, 작품집도 지난 한 해만 해도 많은 회원들이 내며 왕성한 활동들을 하고 있습니다.

김영진　지금, 이 순간에도 시인을 꿈꾸고 소설가를 꿈꾸는 젊은 청년들이 정말 많습니다.
　　　　그들에게 작가가 되고 시인이 되기 위해서 '이것만은 꼭 해야 한다'하는 것이 있을까요?

최자영　요즈음 시인이나 소설가를 꿈꾸는 젊은이들에게 거는 기대가 매우 큽니다. 자유분방하고 상상력이 풍부하며, 세련된 언어 구사 능력을 갖추고 있으며, 체계적인 문학 공부를 한 사람들이 많기 때문입니다
　　　　글을 쓴다는 것은 자기 영혼과의 대면이며, 글을 통하여 자아실현의 자유를 향유하고 구원을 얻고자 함이니, 급

하게 이름을 알리려 한다거나, 등단이란 형식에 얽매여 서둘지 말고, 우선 지식을 우선으로 할 것이 아니라 아름다운 자기 내면을 갖춘 후에 부단히 노력해야 된다고 봅니다.

김영진   문단을 이끌어갈 후배들에게 한마디 해주신다면요?

최자영   처음 등단했을 때의 초심을 잃지 않아야 합니다. 저의 경험에 비추어 보아도 처음 문단에 들어섰을 때의 열정은 대단했습니다. 잠을 자지 않으며 글을 읽었고 썼습니다.
문단 이력이 쌓이고 연륜이 쌓여갈수록 더 겸손하고 자만하지 말며, 기본을 튼튼히 키우기 위해 노력을 아끼지 말아야 한다고 생각합니다.

김영진   앞으로의 시인께서 생각하고 계시는 또 다른 삶의 목표나 계획이 있다면 말씀 부탁드립니다.

최자영   나이가 든 지금에 와서 무언가 새롭게 시작한다는 것이 우선은 겁부터 납니다. 점점 자신이 없어지는 나이지요. 그렇지만 어린 시절부터 하고 싶었던 그림을 다시 시작해 보고 싶습니다. 이제 화가가 되고 싶다는 얘기는 아니고, 그저 노후에 그림과 글을 함께 해보고 싶은 것이 저의 꿈이지요. 그리고 소설을 쓰고 싶다는 꿈도 버리지 못하고 있습니다. 저는 무언가 시작을 하면 쉽게 놓지 못하는 끈질긴 면이 있습니다. 열심히 도전해 보겠습니다.

김영진   마지막으로 못다 한 이야기 전할 시간을 드리겠습니다. 하고 싶은 이야기, 전하고 싶은 말씀 자유롭게 해주시죠.

최자영   문학이 추구하는 것은 진이고 선이고 미라 생각합니다. 그러기에 좀 더 솔직한 언어와 청순한 지성으로 인간다운 진실을 추구하고, 독자들에게 착함과 감동을 줄 수 있는 글을 써서, 저의 시를 읽는 독자들에게 즐거움과 행복을 주고 싶습니다. 기억의 밑바닥에 깔린 신선한 감각을 되살려내 아무리 절망적인 상황에 놓인다 해도, 살아있다는 것에 행복을 느끼고 감사할 줄 아는 삶을 시로 쓰고 싶습니다.

또한 나눔과 봉사하는 삶을 계속 살고 싶습니다. 대전시 노인종합복지관에서 10여 년 식당에서 설거지 봉사를 해오고 있습니다. 댄스 스포츠 동아리 봉사단인데 댄스 스포츠로 소외된 분들을 기쁘게 해드리면서 한 달에 두 번씩 500여 명의 식사 후의 설거지를 해오고 있습니다.
한편, 출판사의 문예대학에서 문학 지망생들의 원고 교정도 보고 첨삭지도도 하고 있어요.
따뜻함을 독자들 가슴에 심어주려는 저의 시 정신 실현을 위해 앞으로도 계속 노력을 아끼지 않을 생각입니다.

김영진　바쁘신 가운데 함께 해주서서 감사드립니다.

함께 인사

Closing

하이라이트 영상(자막)

◈◈ 배구 캐스터

진행자	인사
최자영	시청자 여러분, 안녕하세요? 시를 쓰고 있는 최자영입니다. 우리에게 시원함과 통쾌함을 안겨주는 배구처럼 여러분들의 가정이 평안하시고 하시는 모든 일들이 잘 풀리시길 바라며 오늘도 행복하시길 바랍니다.
진행자	CMB와 함께하시게 된 〈내 안 애 그대〉는 어떤 프로인가요?
최자영	새해를 맞이하면서 시청자들의 정서 함양을 위해 시를 읽는 시청자들이 늘어나기를 바라는 취지에서 CMB와 함께 〈내 안 애 그대〉라는 프로그램을 하기로 하였습니다. 좋은 시를 소개하고 낭송하는 프로그램인데 1회에 2편 정도 소개할 예정입니다. 시는 저의 시와 다른 분들의 시를 골고루 선정하려고 생각하고 있습니다. 점점 시를 읽지 않는 세태에 시를 읽어드림으로써 정서적으로 안정감과 마음의 위안을 조금이라도 얻을 수 있으면 하는 바람입니다. 저와 함께 시의 세계 속으로 떠

나는 여행에 많은 분들이 동참해 주시면 감사하겠습니다.

진행자   프로그램명이 선생님의 시집인데

최자영   네, 그렇습니다. 『내 안의 그대』는 저의 6번째 시집으로, 우리 고장 문학의 선구자이신 소정 정훈 선생의 문학정신을 기리기 위해 제정한 제16회 〈정훈문학상〉 대상에 선정된 작품집이라서 더 애착이 갑니다.
            시 낭송 프로그램을 만들면서 제목에 대해 고심하던 중 시집 제목인 『내 안의 그대』가 어떻겠느냐는 의견이 나왔고, 저 또한 애착이 가는 작품이라서 그렇게 결정을 하게 되었습니다. 『내 안의 그대』는 우리 모두의 가슴 속에 내재된 모든 사랑하는 것들이기에 언제나 내 가슴 속에 품고 사는 시에 대한 열정을 말하는 것이기도 해서 적절하다고 생각이 되었습니다.

진행자   문학의 향기에서 가장 보여주고 싶으셨던 것은?

최자영   너무나 평범하고 남들과 다름없이 칠십 평생을 살아온 일상을 있는 그대로 보여드리고 싶었습니다.
            대가족의 많은 식구와 어울려 살면서 눈코 뜰 사이 없이 바쁜 일상을 살면서도 결코 놓을 수 없었던 글을 향한 사랑! 독자의 가슴에 아로새겨지는 글을 쓰는 시인으로 남고 싶은 소망을 보여드리고 싶었다고나 할까요.
또한 나이가 들어도 무엇인가 열심히 배우고 노력하는 제 모습을 보여드리고 싶었어요. 나이가 들어가면서 건강도 생각하지 않을 수 없기에 바쁜 일상 틈틈이 댄스스포츠에 요가를 배우고 있고 무엇이든 새로움을 찾아 배움의 길도 게을리하지 않고 있습니다.

진행자　　대전 여성문학회?

최자영　　1980년대 후반부터 점차 늘어나는 문학 인구에 발맞추어 우리 여성 문학 인구의 저변 확대와 화합과 친목을 돈독히 하려는 취지하에 1992년 6월에 창립된 여성 문인만의 단체입니다. 창립 당시는 대전뿐 아니라 충남까지 아우르는 단체이었지요.
처음 시작부터 문단에 등단한 여성 문인들로 한정했고 시, 시조, 동시, 동화, 수필, 소설 그리고 평론까지 전 장르에 걸쳐 골고루 분포되어 있습니다.
처음의 취지는 지금도 고수하고 있고 1년에 한 번씩 여성문학회지를 내어 26년째 들어선 지금 25호까지 나왔습니다.
제가 초대 회장을 맡아 《여성문학》 1호를 내면서 썼던 창간호의 발간사 일부를 소개해 보겠습니다.
《대전여성문학》은 인식의 폭을 넓히고 아름다운 역사를 추구하며 창조하는 가교가 되기를 희망하며 모였다. 우리가 살아있다는 것 자체가 행복이고, 거기에 글을 쓴다는 것은 더 없는 축복일진대, 우리는 서로가 개성을 존중하며 자아의 확립을 위해 낮은 목소리가 모여 하나의 오케스트라가 되기를 희망한다. 우리는 우리의 맥박 소리를 중히 여긴다. 우리의 눈물, 우리의 가슴, 우리의 언어로 노래하려 한다. 결코 서둘지 않으면서 또한 쉬지 않고 시냇물 흐르듯 흘러갈 것이라고 제가 창간호 발간사에 썼듯이 우리는 쉼 없이 서두름 없이 발전해 왔습니다.

개인적으로도 각각 나름의 성장을 거두고 있습니다. 창립 멤버로 여전히 열심히 참여하고 지켜보면서 남다른 애정을 가지고 있습니다.

진행자   등단 작품?

최자영   한국문인협회 기관지인 《월간문학》에 1986년 8월호 신인상 모집에서 「새치를 뽑으며」가 당선되어 문단에 나왔습니다. 나이로 봐서도 40대에 들어서 있었으니 물리적인 현상으로는 새치를 뽑으며 느낀 감상일 수도 있으나, 중년의 나이에 맞닥뜨려야 했던 어려운 상황, 대가족의 시집살이, 반복되는 일상에 대한 일탈을 꿈꾸는 착잡한 마음에 응어리진 것들로부터 벗어나고 싶은 간절함이 깃들어 있습니다. 생산적이지 못하고 꿈을 잃어가고 있어 손해 보는 인생을 살고 있다는 자괴감 속에 빠져 그렇게 길들여진 일상에서의 탈피를 꿈꾸며 쓴 절박한 시라고 할 수 있습니다.
〈새치를 뽑으며 준비〉

진행자　1월에 낸 책?

최자영　이미 1월 초순에 나왔습니다.
『섬서구 메뚜기』라는 7번째 시집입니다. 제가 지난 2017년에 『내 안의 그대』를 내고 얼마 되지 않은 상황이었지만, 대전시 문화재단에서 문단 경력 30년 이상 된 원로 문인들한테 지원금을 줘서 1월 중으로 책을 내어야 했기 때문입니다. 시간이 촉박해서 외출 중에 지하철 안에서도 초를 잡고 밤잠을 많이 설치며 준비하기도 했습니다. 하지만 바쁘고 힘들어도 제가 좋아하는 일이라서인지 그저 즐거웠습니다.
시 「섬서구 메뚜기」는 이번 시집 중에 들어있는 시인데, 제가 스위시를 배우는 교수님 댁의 고구마 화분에 어느 날 들어와 살게 된 섬서구 메뚜기를 관찰하면서 자라는 과정을 인터넷에 올려주신 그림을 보면서 저도 관심을 가지게 되었고 시 작품으로 쓰게 되었는데, 시가 재미있어 시집 제목으로 하게 되었습니다.

진행자　마지막으로 시청자분들께 부탁 한마디?

최자영	우선 우리 문인들은 시청자분들에게 바라기 전에 독창적인 문화를 창조하려는 노력과 자부심을 가져야 되리라 봅니다. 좋은 글, 읽히는 글을 쓰는 노력을 부단히 해서 독자들이 글을 찾아 읽을 수 있는 좋은 작품을 써내는 일이 우선되어야 합니다. 그리고 문학인들이 혼신을 다해 빚어낸 한 편 한 편의 글을 읽어주시고 공감해 줄 수 있는 마음의 여유와 문화 예술을 사랑하고 이해해 주셨으면 하는 부탁 말씀을 드리고 싶습니다.
진행자	댄스 스포츠
최자영	시작 동기는 아이들이 다 크고 대가족 식구들도 단출해지면서 무엇인가 건강을 위한 운동을 해보고 싶던 차에 중촌동사무소 자치센터에서 국민 생활 체조의 일환으로 댄스 스포츠 회원을 모집한다는 공고문을 보고 처음 입문했습니다. 그때가 2000년대 초였습니다. 그때부터 꾸준히 해오고 있는데 좋은 점이 많습니다. 저의 체험과 생각을 글로 표현하면 시나 수필이 되듯이 저의 기쁨이나 슬픔 등의 감정을 몸으로 표현하는 것이 춤이라 생각합니다. 춤에는 음악이 따르니 리듬감이 생기고 음악에 취해 춤을 추면 건강을 벌게 되고 생활의 활력도 찾게 됩니다. 지금은 동아리에 소속되어 소외계층이나 어르신들에게 춤으로 봉사도 하면서 보람을 느끼기에 기쁜 마음으로 참여하고 있습니다.

진행자 좋아하는 운동 경기는?

최자영 배구입니다.

진행자 배구가 좋은 이유는?

최자영 배구는 하늘 높이 날아올라 몸이 활처럼 휘면서 솟아올라 내리꽂히는 것을 보면 통쾌함을 느끼고 스트레스가 해소되니까요.

진행자 좋아하는 배구팀은?

최자영 대전팀 삼성화재입니다.

진행자 좋아하는 선수는?

최자영 박철우 선수요

진행자 배구 관람은 어떻게 하고 계신지?

최자영 배구 관람은 현장에 가서는 못 보고 주로 TV를 통해 가끔 보고 있습니다.

진행자 혹시 배구는 몇 명이 하는지?

최자영　　현직에 있을 때 직원 체육을 하면 주로 배구를 했기 때문에 알지요. 그때는 9인이었지만, 지금은 6인이지요.

《대전여성문학》 20년을 돌아보며

"우리가 살아있다는 것 자체가 행복이고 더구나 글을 쓴다는 것은 더 없는 축복일진대 여자라는 이름 하나로 폐쇄적이고 수동적이며 항상 뒤에만 물러서 있던 우리가 서로의 개성을 존중하며 자아의 확립을 위해 결코 높지 않은 목소리로 여성임을 이야기하려 한다. 낮은 목소리가 모여 하나의 오케스트라가 되기를 희망한다.

우리는 우리의 맥박 소리를 중히 여긴다. 우리의 눈물, 우리의 가슴, 우리의 언어로 노래하려 한다. 결코 서둘지 않으면서 쉬지 않고, 낮은 목소리로 물 흐르듯 흘러갈 것이다."

위에 인용한 글은 우리《여성문학회》창간호를 내면서 내가 쓴 창간사의 일부분이다.

1992년에 시작된 대전 여성 문학회는 흘러가는 물이듯 그렇게 흘러 20호 특집을 내게 되었음을 자축하면서 우리의 발자취를 더듬어 보려 한다.

1992년 5월 28일 오후 2시, 대전 분지출판사에서 모임을 하고 가칭 〈대전·충남 여성 문학회〉 결성의 뜻을 세우고 추진 준비 위원회를 구성했다. 추진 준비 위원장은 최자영이었고, 윤원로, 박귀자, 송연숙, 남상숙, 안현심, 권순향 등 15명의 추진 위원이 구성되었다.

여성 문학의 저변 확대를 통해 지역 여성 문학 발전의 기폭제가 되기 위해 분파적인 것을 지양하고, 화합하는 모습을 보이고, 여성 문학의 위상 정립을 위해서나 불합리한 문단 구조를 개선하는 것으로까지 이어져, 앞으로 지역 문단사에 큰 획을 그을 것으로 기대를 모은다는 중도일보 홍선희 기자의 '여성 문인 홀로서기 선언' 제하의 글로 언론의 적극적인 호응 기사가 실렸다.

참여 의사를 밝힌 여류들이 25명에 이르고 시, 수필, 소설, 평론, 아동문학 등 장르도 다양하여 명실상부한 여성문학회의 초석은 탄탄대로가 된 셈이다.

1992년 6월 20일 오후 2시, 대훈문고 2층에서 발족식을 하고 초대 회장 최자영 시인, 부회장 윤원로 시인, 총무 송영숙 시인과 박귀자 시인, 감사는 정순진 수필가와 임명희 시인이 맡게 되었다. 자격 조건으로는 참여자의 질적 수준을 위해 개인 작품집을 발간했거나 문단의 등단을 마친 문인으로 제한했다. 그러나 초회 추천을 마친 문인도 포함하는 융통성을 가지기로 했다.

그렇게 시작된 여성 문학회는 돈독한 우의를 다지면서 각자의 개성을 살린 글들을 회의 때마다 가지고 나와 열띤 토론을 벌이며 합평을 하고 내실을 기하는 한편, 우리의 활동을 주시하며 관심을 가지고 있는 지역 언론의 기대에도 부응하는 활동을 전개했다.

1992년 6월에 창립한 8월부터 2달에 한 번씩 회보를 발간했다. '문단 저변 확대 돌파구 활짝'이란 제하로 1993년 4월 3일 대전매일신문에 게재되었다.

수적으로나 질적으로 문단에서 차지하는 비중이 점차 높아감에 따라 조직적이고 체계적인 모임의 필요성에 의해 여성 문학회가 출범되었고, 여성 문학 인구의 저변 확대를 위한 일환으로 화보 발간을 결정했다. 열악한 재정 사정으로 완벽한 체제의 화보에는 미치지 못했으나, 30여 회원의 손때와 정성이 배어있는 4페이지의 화보를 발간했는데 1면에 회원의 짧은 글이나 제언을, 2면과 3면에는 동정 및 모임 안내, 4면에 시가 게재되었다.

창립된 지 1년이 되지 않은 1993년 3월 30일 《여성문학》 창간호가 분지출판사에서 나왔다. '낮은 목소리로 물 흐르듯'이라는 나의 창간사가 실렸고, 대전문인협회 회장 김용재 시인의 '뜻이 있는 개척의 길'이라는 축하의 글과 초대 손님 작품으로는 서산의 지요하 소설가의 소설 「고백」이 실렸다. 참여 회원으로는 〈권순향 남상숙 박귀자 박미용 박선자 송영숙 신정순 안현심 양동숙 윤월로 이경화 이미숙 이순옥 이애용 이영이 이종숙 이현옥 임계화 정순진 임명희 천영숙 최자영 황희순〉 등 24명이었다. 1993년 대전일보에 '지역 여류 문단 현주소 한눈에'란 글을 보면 대전·충남 지역 여류 문인들이 대거 참여한 종합지 형태의 여성 문학지가 발간돼 우리 지역 여성 문학계의 면모를 한눈에 조망할 수 있고, 다양한 장르를 한데 묶어 창작 의욕 고취와 문학 저변 확대에 기대를 건다고 극찬해 주었다.

첫 출판기념회는 1993년 4월 22일 커피숍 마리안느에서 가졌다. 대전일보 〈사람 사람들〉 동정란에 1993년 4월 21, 22일 게재되었다. 1992년에 창간되어 20년을 하루도 거르지 않고 1년에 한 번씩 회지를 내었다. 비록 창립 멤버는 최자영, 윤월로, 이미숙, 남상숙, 이종숙, 이애용 6명밖에 남지 않았으나 새로운 여성 문인들이 꾸준히 참여하여 창립 당시 문인 수를 웃도는 30여 명이 꾸준히 활동하고 있다. 회지 발간과 시화전, 문학 아카데미를 개최하여 동인지가 아닌 처음 발간 당시의 여성문학회로 여전히 주목받고 있음이 반갑고 자랑스러운 일이 아닐 수 없다.

초대 회장 최 자 영

제1회 대전광역시 노인연합회 문학작품 공모전 심사평

처음으로 시도한 대전시 노인종합복지관 어르신 문학 작품 모집에 문협으로부터 심사 위원으로 위촉을 받고 가슴이 설레었습니다. 나 자신이 복지관에서 프로그램에 참여하여 활기찬 생활을 하고 있고, 또 평균 연령 칠십이 넘으신 어르신들만의 작품 심사는 처음이라 설레지 않을 수 없었습니다.

처음에는 어르신들이 작품을 써 주실까 의문을 가졌었는데, 46편이 응모되었다는 긍정적인 반응에 박수를 보냅니다.

44분의 작품 46편 한편 한편에 나름의 심오한 의미가 담기고, 연륜이 느껴지는 좋은 글들이었습니다. 대상으로 당선되신 송주탁님의 「도전하는 노년은 아름답다」는 74세의 연세에 끝없이 새로운 일에 도전하는 정신이 아름답고, 신상품 개발에까지 도전하려는 의지와 활기찬 모습이 높이 평가되어 대상으로 정하는데 이의가 없었습니다. 우수상으로 당선하신 이영희님의 시 「연꽃」은 76세의 연세에 이토록 곱고 섬세함을 보여줄 수 있음에 박수를 보내드리며 연꽃을 보면서 느끼는 감정의 섬세함이 아름답게 잘 표현되었습니다. 우수상에 당선되신 이영림의 수필 「노인들이여, 변하자」는 깨어있는 의식이 부럽고 본받을 바 많다고 생각됩니다. 작품의 내용 중에 젊고 발랄한 며느리를 버릇없고 건방지다고 보는 것보다, 귀엽고 깜찍하다고 생각하는 시아버지가 더 행복하지 않으냐고 하시는 말씀에 공감하는 바 큽니다.

또 한편 우수상에 당선하신 권온자님의 독후감 「가치 있게 나이 드는 법」 역시 연세가 드셨어도 책을 가까이하고, 많은 글을 읽으신다는 것 자체가 가치 있게 나이 드는 것이 아닐까요? 또한 원고지 10장 이상의 작품을 쓰실 수 있는 인내력에도 세 분 모두에게 박수를 보냅니다. 작품을 심사하면서 심사위원 전원이 느낀 점은 노년을 건전하게 살려는 적극적인 마음과 뛰어난 관찰력, 인내를 가지고 작품을 끌고 나가는 힘이 장점으로 드러났습니다.

글쓰기의 기본이 많이 읽고, 많이 쓰고, 많이 생각하는 것이니 치매 예방에도 아주 좋은 처방이라 생각됩니다.

복지관에서 시도한 작품 공모 행사가 계속 이어져 나갈 수 있도록 적극적인 호응과 참여로 해를 거듭할수록 풍성하고 수준 높은 작품이 응모되기를 기원합니다.

2011. 12. 27.
한국문인협회 대전광역시지회 최 자 영 시인

제3회 대전광역시 노인연합회 문학작품 공모전 심사평

글을 쓴다는 일이 결코 만만치 않은 일임에도 불구하고 3회째 맞이하는 문학작품 공모에 많은 어르신들이 응모해 주신 것에 감사드리며, 첫 번째와 두 번째보다 질적으로 많이 향상되었음이 기쁘고 연세가 많으신 분들이 원고지 20장 가까운 장문의 글을 쓸 수 있다는 열성에 감탄할 뿐입니다.

응모한 분들의 작품 모두가 소중하고 값진 글이지만, 지면 관계상 몇 분의 글에 대한 말씀을 드리겠습니다.

먼저 운문 부문에서 「이틀을 하루로 사는 경비원 L씨」는 고단한 일상을 살아가는 우리 아버지들의 현실을 보여줍니다. 그러면서도 "오르막은 인생길에 신바람 나고 내리막은 자전거 길이 시원하다"고 긍정적인 사고를 가지고 있음이 반갑고, 가족을 여우와 토끼로 의인화한 표현이 재미있습니다. 자전거를 타고 출퇴근을 하며 "따르릉 따르릉 소리에 놀라 떨어지는 별들을 주워 담아 길을 밝히면 어둠은 주춤주춤 뒷걸음친다"는 시적인 표현이 아주 좋았습니다. 따라서 이 작품을 대상으로 선정하는데 이의가 없었습니다.

「손자와의 동행」은 매화꽃을 팝콘으로 표현한 것과 "휴대폰 속 손자의 웃음소리에 저녁노을이 곱게 물든다"는 표현이 뛰어났습니다.

「바퀴벌레」는 내용이 참신하고 문학성이 있으며 부모님을 생각하는 마음이 절절했습니다.

「노부부의 한 잔의 차」는 따스한 햇볕이 들어오는 창가에 부부가 마주 앉아 차를 마시며 지나온 시간을 반추하는 모습이 선명하게 그려지는, 잔잔한 감동을 주는 따뜻한 글입니다.

산문 부문은 83세 고령의 연세에 6·25 참전 상황을 리얼하게 표현하신 「6·25 참전 수기」가 최우수 작품으로 결정되었습니다. 「아버지라는 이름」과 끝까지 우열을 가리기 어려워 고심했으나, 심사위원 모두가 심사숙고한 끝에 결정되었음을 말씀드립니다. 우린 누구인가 반문하며 우리의 역사를, 혜안을 가지고 바라보며 앞으로 나아갈 길과 당당하게 살자는 다짐을 조목조목 쓰신 글에 공감이 많이 갔습니다.

「천리포 큰별목련 아래서」 이 작품은 금년도 노인대학 산업 시찰지인 천리포 수목원의 아름다움과 수목원을 조성한 '칼 밀러'의 한국 사랑이 절절히 배어있는 글로 "내가 죽어서도 묘지를 만들지 말고, 한 그루의 나무를 더 심어 달라"는 밀러의 말이 심금을 울리는 교훈을 우리에게 남겨주는 수작입니다.

글을 쓴 분들의 성별을 따지지 않고, 작품 수준으로만 심사를 하다 보니 6:1로 여자의 수가 너무 적어 연세가 드신 여자분의 작품 한 편을 특별상으로 넣었습니다. 작품의 질이 높아짐에 따라 명년에는 수상자의 수를 늘렸으면 하는 바람입니다.

작품 한편 한편이 모두 감동을 주지만 다 언급하지 못함을 송구스럽게 생각하며, 금년에는 작품 수는 적었어도 운문의 질적 수준이 높았음을 밝히며, 산문은 글을 이끌어 가는 힘이 있었습니다. 우열을 가리기 어려운 작품에서는 연세가 많은 분의 작품을 우위에 두었음을 말씀드립니다.

　모든 것을 내려놓고 관조하며 빈 마음으로 열심히 사시는 어르신들이 존경스럽습니다. 글을 쓰는 일은 체험에서 우러나오는 것이고, 머리로 쓰는 것이 아니라 가슴으로 쓰는 것이니, 평생을 살아오시면서 경험하고 느끼신 일들을 진솔하게 표현하시어 문학작품 공모가 해가 거듭될수록 더욱 풍성해지길 기원합니다.

2013. 5. 31.
대전문인협회 부회장 역임　최 자 영　시인

◆◆ 제4회 대전광역시 노인연합회 문학작품 공모전 심사평

2011년 처음 시도한 대전광역시 노인연합회 어르신 문학작품 공모 행사가 4회째를 맞이하였습니다. 참여 어르신의 수가 늘어난 것은 아니지만, 질적으로 많이 향상되었으며, 특히 금년에는 산문의 수준이 매우 높았습니다. 억지로 쓴 글이 아니고, 글을 쓰고 싶은 분들의 글이기에 진솔하면서도 번득이는 감성이 엿보이는 글이었음을 밝히며 몇 분의 글에 대해 말씀드리겠습니다.

먼저 운문 부문에서 송정자님의 「어버이날 단상」은 어버이날을 맞아 젖줄로 흐르는 바다 같은 어머니의 사랑과 우주 같은 아버지의 사랑을 유려한 문체로 노래하고 있어 호감이 갔습니다.
이영희님의 「간절한 소식」은 자식이 보고 싶고, 전화 목소리를 듣고 싶은 간절한 소망을 참고 이해하며 혼자 삭이는 엄마의 존재를 쓸쓸히 소화해 내고 있음이 안타까우면서 공감이 갔습니다.
세월호 참사를 노래한 김재숙님의 「하늘이시어」는 유족들의 아픔을 절절한 절규의 염원으로 노래해 가슴을 울렸습니다.

산문 부문에서는 전에도 말씀드린 적이 있지만, 연세가 많으신 분들이 장문의 글을 쓸 수 있음에 존경을 드립니다.
최우수에 당선하신 김경범님의 글 「산길에 영그는 정」은 산문 속에 운문을 함께 쓴 표현력과 구성이 뛰어난 작품이었습니다.

"부신 햇살/ 암벽에 걸쳐 높고/ 산맥 돌던 산매는/ 노송에 한 몸을 담는구나. / 중략 / 고뇌의 틀 벗어던져/ 다시는 안 잡을라 했는데/ 덥석 끌어안더니/ 모두가 꿈이더라. /"

산문 속에 있는 「황홀한 꿈」이란 시의 일부인데 수작이었습니다. 수필 구성력도 뛰어나 끝맺음도 아주 좋았습니다.

임규문님의 「아버지의 호롱불」은 다양한 소재를 끌어내어 글의 완성도를 이룸이 좋았습니다. 통학 거리가 먼 하굣길, 성황당이 있는 재를 넘을 때 호롱불 들고 늘 마중 나와 주시던 아버지를 추억하는 마음이 잘 나타나 있습니다.

정송문님의 「슬기로운 노년의 삶」은 논리 정연한 구성이 탄탄하고 간결하면서도 분명했습니다.

권온다님의 「할머니, 허락해 줘서 고마워」는 사소한 일상의 행복을 꾸밈없이 써 내려감이 좋았습니다.

위에 언급한 분들 외에도 개성적이고 참신한 글들이 많았으나, 모두 말씀드리지 못함을 죄송스럽게 생각합니다.

글을 쓰는 일은 자기 찾기이므로 진솔한 느낌을 꾸밈없이 표현하시어 더욱 발전이 있으시길 기원합니다.

2014. 5. 26.
대전 여성문학회 초대 회장 역임 최 자 영 시인

샛별 댄사모의 봉사 실천 사례

　대전시 노인종합복지관 샛별 댄사모의 활동이 어느덧 10여 년이 넘었다.
　댄사모는 대전시 노인종합복지관의 댄스 스포츠 공연단으로, 각종 행사에 참여하여 노인 회원들에게 즐거움과 행복감을 주는 보람된 일을 해오고 있으며, 각종 댄스 스포츠 경연대회에도 참가하여 노인종합복지관의 위상을 끌어올리는 일에 일조한 업적이 크다.
　일 년이면 수십 번의 공연에 참여하였고, 전국적인 경연 행사를 위하여 금산, 경기도 화성 등 지방 공연도 마다하지 않던 공연팀은 대전시 종합복지관의 꽃이라 할 수 있다.

　리듬감과 유연성이 길러지는 댄스 스포츠는 자긍심과 활력을 주는 운동으로, 삶의 활력과 스트레스를 해소해 주는 좋은 운동이다. 나이가 드신 어른들에게는 쉽지 않은 면이 있으나, 모두가 사명감을 가지고 열심히 하시는 덕에 이곳저곳 초대되어 다니기도 하는 공연반이다. 그러면서 복지관의 식당에서 단체로 식후에 설거지하는 봉사를 했다. 10년이 넘는 세월을 단체로 하다 보니, 회원 간의 친목도 도모될 뿐 아니라 일의 능률도 빨라져 봉사가 없는 날은 서운할 정도이다.
　흐르는 세월과 함께 댄사모 회원들의 연령도 대부분 칠십 중반을 넘어 팔십을 바라보는 고령이 되었지만, 수년을 함께해 온 봉사활동은 윤기가 더해져 이제는 자진해서 적극적으로 한 분도 빠짐없이 참여하고 있다.

재가 노인지원센터의 김장 나눔 봉사에 김장김치 담그기 봉사, 늘 푸른 복지센터에서 몸이 불편하신 어르신들께 댄스 시범을 보여드려 마음을 즐겁게 해드리는 일, 경로당 어르신들에게 댄스 시범을 보여드리는 일 등 다양한 활동을 하고 있지만, 그중에서도 특히 500명이 넘는 어르신들의 식사를 제공하는 복지관 식당 봉사를 하는 일이다.

한 달에 두 번씩 여름이면 비지땀을 흘리며, 겨울에는 찬물에 설거지를 하고 있지만, 회원들의 얼굴에는 웃음과 콧노래까지 흘러나온다. 봉사는 하면 할수록 즐거워진다는 것을 우리는 스스로 터득한 셈이다.

고령이다 보니 허리, 다리가 안 아픈 분이 없지만, 특히 노부부 팀이 한 분 계시는데 수술을 몇 번씩 하시고도 봉사에 적극적으로 참여하시어, 부부의 돈독한 정과 봉사 정신을 보여주시어 귀감이 되고 있다.

또 한 분은 매일 식당 봉사를 허리가 휘도록 하며, 제때에 식사도 거르며 궂은일만 도맡아 하는 분도 우리 댄사모 회원이다.

100세 시대라 하지 않는가.
우리는 건강이 허락하는 한 댄스 스포츠를 할 생각이며, 댄스를 하는 동안에는 봉사 활동도 쉬지 않을 생각이다.

금년에 8회째를 맞는 "토토 시니어 댄스 스포츠" 본선 대회에 출전하기 위해 우리는 연습도 게을리하지 않고 있다.

정훈문학상 수상 소감

늦가을!

낙엽이 꽃잎처럼 쏟아지는 11월 초 "제16회 정훈문학상 선정 통보"라는 메일을 받고 가슴이 떨려 한참을 어두워진 창밖에 눈을 주고 있었습니다. 어두워진 창밖이 환하게 밝아오면서 기쁨이 등줄기로 빠르게 흐름을 느꼈습니다.

요즘 들어 저 자신이 참 행복한 사람이라는 생각이 문득문득 들곤 합니다. 비록 머리는 하얗게 세고, 얼굴은 조글조글 주름져 가며, 하룻밤을 자고 나면 어딘가 몸이 불편해 약봉지를 머리맡에 수북이 쌓아놓고 사는 날들이지만, 잠에서 깨자마자 톡으로 아침 인사를 나눌 수 있는 지인들이 있고, 일주일을 바쁘게 뛰어다니며 하고 싶은 운동이나 그림을 그릴 수 있고, 친구들과 카페에 앉아 커피를 마시며 한가롭게 웃을 수 있는 여유가 있으니 얼마나 행복한 일인가요! 그러나 무엇보다도 좋아하는 글을 읽고 쓸 수 있음이 가장 즐거운 일이지요.

돌아보면 먼 길을 걸어 여기까지 왔습니다.

초등학교 2학년 때 숙제로 내준 일기 쓰기에서 칭찬을 듣고, 열심히 일기를 써서 검사를 받던 일이 저의 유일한 낙이 되어, 그것이 글쓰기의 시작이었습니다. 매일매일 하루의 일과를 쓴다는 일이 어떻게 보면 참 단조로웠기에 제 나름의 어린 감정과 생각을 적느라 고심하는 과정에서 글이 조금씩 늘고 사명감 같은 것까지 생기지 않았나 싶습니다. 매일 일기 쓰는 시간이 기다려지고 글자 수도 점점 늘어나기 시작했습니다.

그리고 중학교 시절부터는 참 많은 책을 읽었습니다. 책을 사서 볼 경제적인 여유가 없었기에 단골 서점을 드나들며 이곳저곳에서 한 권의 책을 이어서 읽곤 했지요. 지금처럼 책이 흔하던 시절이 아니었지만, 얼굴을 익힌 서점 사장님은 기특하게 여기시어 책을 집에까지 가져가서 보도록 하락해 주시기도 해서 그런 날이면 밤을 새워서 다 읽고 반납을 하곤 했습니다.

고등학생이 되면서는 학교 교지 편집이나, "여원"이라는 여성 잡지의 모니터라든지, 학생 잡지인 《학원》의 학생 기자가 되어 내 고향 공주 지방의 소식을 참 열심히 써서 올렸던 듯싶습니다. 물론 대학에 들어가서도 기자가 되어 열심히 뛰어다니며 글을 쓰고, 학교 문학 동아리 활동도 열심히 했지요.

대학 졸업 후 장기 여행이란 나름의 목표를 세우고 시골의 이곳저곳으로 전근해 다니다, 결혼을 하고 난 후 본의 아니게 시댁의 권유로 사표를 멋모르고 내버렸고, 그때부터 40년 시집살이가 시작되어 글을 쓸 여력을 잃어버린 나날들 속에서 글에 대한 동경만을 끝없이 키우며 살던 어느 날, 대전MBC 금강보호 제1회 백일장에 참석하게 되어 우연히 최우수가 되었고, 그 이듬해 서울의 전국 여류 백일장에서도 1등 당선이라는 타이틀을 얻고, 그토록 원하던 시의 길에 가까이 다가가게 되어 1986년 《월간문학》 신인상에 당선되어 시단에 발을 디딘 후, 30년 넘는 세월을 글밭을 서성이면서 보낸 시간 뒤에 소정 〈정훈문학상〉 본상 수상은 제게는 꿈이었습니다.

가만히 자기 얼굴을 거울에 비추어 봅니다. 기쁨에 앞서 부끄러움과 자성이 앞섭니다.

대전이 낳은 대표적인 향토 시인이자 민족의식을 고취한 소정 정훈 시인의 시 정신을 본받아 남은 날들을 더욱 정진하리라 다짐하며, 올려다본 초겨울 하늘은 오늘따라 유난히 높고 푸릅니다.

정훈문학상 운영위원회와 문학사랑협의회 그리고 심사위원님께 진심으로 감사드립니다.

첫 시집 서문

일상의 물레를 돌리며

　중학교 1학년 때로 기억된다. 여름방학 과제물 중 글짓기 숙제로 낸 두 편의 시를 쓰기 위해 날마다 시를 흉내 내어 표지까지 근사하게 그려서 두툼한 한 권의 문집으로 묶어낸 적이 있다. 그때 국어 선생님이셨던 담임 선생님의 칭찬 말씀이 나에게 시를 쓰게 된 계기를 만들어 주시지 않았나 생각된다.

　삶의 미로 속에서 헤어나지 못하고, 발등 위에 떨어진 불을 끄기 위해 급급했던 나날 속에서도, 정신은 바람이 되어 하늘을 떠돌았던 듯싶다. 오랫동안 움츠림과 머뭇거림으로 떠돌던 말들을 여기 모아 『바람의 말』이라는 한 권의 책으로 첫 시집을 엮는다.

　외로움과 절망과 노여움의 숲에서 헤어나려 애쓰던, 나의 본질을 불러 앉히려 하니 새삼 설레고 부끄럽다. 명주실이 되진 못하지만, 평범한 일상의 물레를 돌리며 자아낸 것들이기에, 무명실로 짠 나의 시들이 폭풍이나 돌풍이 아닌 미풍이 되어, 이 글을 읽는 이들의 가슴에 따뜻함과 소박한 행복을 안겨주기를 빌 뿐이다.

잃어버린 나를 찾기 위해 시를 쓴다. 내 삶의 전부인 시를 쓰는 일에 노력을 아끼지 않을 생각이다.

항상 따스한 보살핌과 채찍을 주시며 기꺼이 서문을 써 주신 시인 성춘복 교수님, 해설을 써 주신 평론가 리헌석 선생님, 시집을 출판해 주신 미래문화사 대표 임종대 사장님께 감사드린다. 특히 옆에서 많은 이해와 격려를 아끼지 않은 남편 신동욱님께 지면을 빌어 감사의 뜻을 전하고 싶다.

1988년 8월에
최 자 영

8시집을 내면서

시집의 서문을 쓰겠다고 습작 노트를 내놓고, 볼펜을 쥐고 이번처럼 무엇을 쓸까, 고민한 적은 없었습니다.
노트에 적기 몇 번, 이렇게 막막해지기도 하는군요.

글쓰기가 점점 두려워짐은 이제야 겨우 철이 들어가기 때문일까요? 초등학교 시절부터 매일 일기를 쓰듯 글을 쓰면서, 나는 커서 작가가 되겠다는 생각은 별로 하지 않았습니다. 그저 좋아서 글을 썼고, 백일장이나 공모전에서 늘 상을 받으면서, 그저 그러려니 일상으로 넘겼습니다.
고교 시절에는 학교 교지를 만들 때 지도해 주시는 국어 선생님을 도와 열심히 편집이나 교정보는 일에 노력했고, 학생들 잡지인 《학원》지에 글을 열심히 발표했고, 전국에서 몇 안 되는 학생 기자가 되어 열심히 기사를 써 보냈습니다. 방송이나 잡지에 글을 써 보내 그 글이 목소리 아름다운 아나운서나 성우에 의해 발표되는 것이 너무 좋아서 그 또한 열심히 했습니다.

초등학교 교사 생활 몇 년 후에 결혼을 하고, 시집살이에 쉴 틈이 없어지자, 글을 쓰고픈 열망에 마음을 앓았으나 그저 희망 사항일 뿐, 글을 쓸 여력이 없는 채 동동거리며 살다가, 늦은 사십의 나이에 시인이 되어, 어느새 30년이 넘어 8번째 시집을 엮으면서 글 쓰는 일이 두려워

짐은 내면에서 소리치는 사유를 풀어내야 한다는 진정성에 닿아져 있기 때문입니다.

낙엽이 쌓인 갑사 숲을 거닐면서, 학창 시절의 추억을 꺼내주는 낙엽들에서 느낄 수 있는 쓸쓸함 위에 클로즈업되는 충만한 행복을 느끼고 있습니다. 외로움을 느낄 새 없이 바쁘다는 이유가 행복의 조건이기 때문입니다.

2018년 새해 벽두에 7번째 시집을 내고 문화재단에서 시행하는 〈문학의 향기〉에 출연한 후 CMB에서 1년 동안 〈내 안의 그대〉라는 프로그램을 하면서 문학 외적인 일에 매달려 사느라, 뒷전에 밀려나 있던 글에 가까이 갈 수 있었던 계기가 되었습니다.

글에 좀 더 매진하고 싶다는 초심을 다시 찾을 수 있음이 행복합니다. 자성의 채찍을 스스로에게 하며 8번째 시집을 조심스럽게 내놓습니다.

❖ 시집 『사랑한다는 것은』의 서문

   시간은 나를 자꾸 끌고 가려 하는데, 가기 싫은 발걸음을 어쩔 수 없이 떼어놓으며, 걸어야만 되는 오묘한 순환의 법칙 앞에 대책 없이 맡겨진 내 삶의 속도는 또 얼마나 빨라질까.

   2003년에 네 번째 시집을 내고 어느새 10년 세월이 내 옆구리를 스쳐 지났다. 10년이라 말할 때는 참 긴 세월 같은데, 지내고 보니 너무나 빨리 지나가 버렸다. 아련한 그리움과 남모를 사랑으로 시의 변두리만 돌며 보낸 시간이 새삼 아쉽고 부끄럽다.

   갈수록
   들어갈수록
   미로 같은
   동굴 같은

   길게 고독을 헤쳐 풀어놓은 시의 길을 헤집어 찾아 다시 조심스러운 발걸음을 떼어 놓는다.
   새로 시작되는 초행길인 양 조심조심 떼어놓는 마음 깊이 내재한 터질 것 같은 시를 향한 짝사랑을 조금씩 내보이며 설레는 가슴을 풀어놓는다.

시집을 엮어주신 오늘의 문학사 이헌석 대표님과 이영옥 편집장님 그리고 직원 모든 분께 감사드린다. 한결같은 열정으로 고독한 시의 길을 묵묵히 걸어가는 모든 분과 외로움을 함께할 수 있음에 행복을 느끼며.

         2012년 정초 유성 노은동에서 최 자 영

2017 아카이빙 작가

최자영 시인

☐ 생년 및 출생지
  1944. 충청남도 공주

☐ 출신학교
  공주교육대학교 졸업

☐ 등단
  1986.《월간문학》
  1994.《문단수필》
  1995.《한국수필》

☐ 문단 활동
  파람문학회 회원
  오늘의문학회 회원
  대전시인협회 회원

❏ 문단 활동
국제펜 한국본부 대전지회 회원
대전여성문학회 초대 회장
한국문인협회 회원
한국문인협회 대전지회 감사
한국문인협회 대전지회 부회장

❏ 주요 저서
시집
『바람의 말』
『누군가를 그리워하는 일은』
『추억의 강물은 잠들지 못한다』
『중학동 일기』
『사랑한다는 것은』
『내 안의 그대』

수필집
『남의 수박 두드려 보는 여자』

❏ 상훈
정훈문학상 대상
대전문학상
보문향토문화대상

> 가슴에
> 아로새겨지는
> 작품을 쓰는 시인

사랑한다는 것은

잊는 것이다
놓아버리는 것이다
그러면서도 잊을 수 없는 것은
그대로 가슴샘에 깊이 묻어두는 것
박제되지 않은 생
싱그러움 깊이 감추어 두고
몰래몰래 생각 속에 불러들이는 것이다.

대담자　　　요즘 어떻게 지내고 계신가요?

최자영　　　바쁘게 지내고 있습니다. 6월 말까지 여성 문학 원고를 써야 되고 그 외 청탁 원고 몇 편이 있어서 쓰고 있습니다. 필라테스와 댄스 스포츠, 요가도 하고 있고 요즘은 구연동화도 배우고 있습니다. 할 수 있는 공부는 할 수 있을 때 열심히 한다는 것이 저의 요즘 생각입니다.

대담자　　　습작 시절의 이야기와 등단 계기에 대해 알려주세요.

최자영　　　저는 초등학교 때부터 글쓰기를 좋아했어요. 글짓기 숙제를 받으면 매일 일기를 쓰듯 글을 쓰고, 그림도 하나하나 그려서 문집을 만들었습니다. 선생님께서 칭찬을 많이 해주셨어요. 중학교에 들어가서는 2학년까지 국어 선생님께서 담임을 해주셔서 글짓기를 더 좋아하게 되었어요. 고등학교에 진학해서는 《학원》이라는 학생 월간지에 투고도 많이 했고, 「첩경」이라는 단편으로 〈학원문학상〉도 타게 되었습니다. 그 후 백일장 대회에 참가하여 수상도 하였습니다. 대학 때는 파람문학회라는 단체에서 활동을 했고, 여성지인《여원》에 작품 발표도 자주 했습니다. 대학 학보사에서 기사도 썼고,《여원》지의 모니터가 되어 몇 년 동안 고향 공주의 소식을 부지런히 써 올리기도 했습니다. 그것이 저의 습작이라 할 수 있습니다. 결혼 후 시집살이를 하면서 10여 년 글과는 멀어졌다가, 마흔이 가까워서야 1984년 제1회 MBC 금강보호 백일장과 어린이 사생대회에 참가하여 '금강' 주제의 시로 최우수 당선을 하게 되었고, 이후 당선된 시가 몇 달 동안 TV에 매일 소개되는 영광을 누렸습니다. 그때 시에 대한 향수가 되살아나면서 글을 다시 열심히 써야 되겠다는 용기를 가졌습니다. 그 이듬해 1985년 한국여성문학회 주최 전국 백일장에 참가하여 '이웃'이라는 주제로 시부 1등 당선을 하였습니다. 그 후 언론사의 인터뷰도 여러 번 하고, 방송도 타게 되었습니다. 이런 일들이 저에겐 습작이 되어 다시금 글에 자신감이 생겼고, 낮엔 시집살이에 바쁘면서도 밤을 새워 글을 쓰는 생활이 시작되었습니다. 그렇게 잠을 설치면서 쓴 글들로 1년 뒤인 1986년 《월간문학》 신인상에 당선이 되면서 등단하게 되었습니다.

대담자   등단 당시 문단 상황은 어땠나요?

최자영   그때는 대전 지역에 여성 작가가 많이 없었습니다. 5년 정도 지난 후에야 여성 작가들이 등단하기 시작했습니다. 여성 작가들의 모임을 만들어 보자 해서 시작한 것이 《여성문학》입니다. 1992년 여성 문인들이 글을 더 열심히 써보자는 단합으로 발기인 대회를 진행했습니다. 1993년 첫 작품집을 내고 지금까지 24집을 발간했습니다. 25집 작품을 모집하고 있습니다.

| 대담자 | 등단 후의 삶은 어떻게 바뀌셨나요? |

| 최자영 | 어려서부터 글을 좋아했지만, 등단은 40에 했으니 늦은 편이었습니다. 대가족 생활을 하면서 집 밖을 모르고 지내다가, 문단에 나오니까 당시 여성 문인들이 적은 탓인지 아니면 제가 운이 좋아서 그랬는지 여기저기에서 주목을 받고 글을 쓰게 되었습니다. 그런 것들이 바쁜 삶에 활력이 되었고요. 오랫동안 꿈꿔왔던 일들이 싹이 텄다는 자긍심을 가지게 되었고, 활발한 활동을 하게 되었습니다.

| 대담자 | 시를 쓰게 하는 에너지는 무엇인가요?

| 최자영 | 시를 쓰는 에너지는 부모님의 무한한 사랑이라고 생각합니다. 부모님께서 어린 시절부터 많은 사랑을 주셨습니다. 제가 하는 모든 일에 믿음과 응원을 주셨기에 큰 힘을 얻을 수 있었습니다.

| 대담자 | 집필 과정에서 어려운 일은 무엇인가요?

| 최자영 | 젊었을 때는 시간이 부족하다는 것이 아쉬움이었는데, 지금은 시간은 있지만, 예전처럼 반짝이는 감성이 떠오르지 않는다는 게 집필하는데 어려움이라 생각됩니다. 그리고 작품을 쓰려면 여행도 다니면서 견문을 넓혀야

되는데, 건강상 그렇지 못하다 보니 작품을 쓰는 것이 녹록지 않습니다.

대담자   작품에 슬픔이나 한이 있는 것 같은데 그것이 무엇일까요?

최자영   저는 살아오면서 큰 슬픔이나 아픔은 겪어보지 않았습니다. 형제자매가 많은 다복한 가정에서 부모님의 사랑을 많이 받는 큰딸로 평범하게 살았습니다. 물론 경제적으로 어려움이 많았지만, 긍정적인 마음으로 받아들였고, 결혼 후에는 시집살이가 심했지만, 그것 또한 순응하며 받아들였습니다. 하지만 저의 성격이 너무 소심하고 걱정이 많다 보니, 일어나지 않은 일을 늘 상상 속에서 미리 두려워하고 걱정을 하는 성격이라서 작품에 영향을 주는 것 같습니다. 그리고 제가 여성성을 중시하다 보니 과거의 여성들이 지닌 한을 그리게 되었고, 보수적인 시댁에서 보수적인 생활을 하다 보니 시에 근본적인 한이 표현되는 것 같습니다.

대담자   선생님께서 추구하시는 시 세계는 무엇인가요?

최자영   제 시 세계는 전통 의식인 효를 바탕으로 형성되어 있습니다. 효를 바탕으로 평범한 여성의 일상과 고향 부모님에 대한 사랑을 표출하려고 노력하고 있습니다. 주제로는 여성성, 여성의 일상, 여성의 일상에서의 탈피 등을 담아 아버지를 '지는 해'로 표현했고, 어머니 투병 중엔 간병 일기를 통해 「중학동 일기」라는 연작시를 쓰게 되었습니다. 이렇듯 저는 효를 바탕으로 한 서정성을 주된 주제로 쓰고 있습니다.

대담자   시인으로서 평생 풀어야 할 화두는 무엇인가요?

최자영   요즘 문학 작품이 독자들에게 인정을 받는 것이 정말 어렵습니다. 제가 평생을 지켜가야 할 화두가 있다면 독자들에게 공감을 주어서 누군가의 손뼉을 '탁' 칠 수 있는 좋은 시를 쓰는 일입니다.

대담자   작가로 살면서 가장 기뻤던 점에 대해 들려주세요.

최자영   예술가적 기질이 많으셨던 아버님은 음악을 좋아하시어 악기를 잘 다루셨는데, 제가 글을 써서 상을 받을 때면 너무 기뻐하셨습니다. 늦게나마 문단에 나와 부모님께 큰 효도를 할 수 있었어요. 그래서 부모님이 자부심을 느끼실 수 있게 해드렸다는 것입니다.

대담자   앞으로 꼭 하고 싶은 일은 무엇인가요?

최자영   해보지 않은 일이겠지요. 전 학창 시절부터 그림을 그리고 싶었습니다. 그런데 아버지의 반대와 경제적인 이유로 못했습니다. 가능하면 유화에 도전해 보고 싶습니다. 수채화는 좀 해보았는데 제게 맞지 않아 배우다가 포기했는데 유화는 배워보고 싶습니다. 그리고 학생 때는 시보다는 콩트나 단편 소설에 관심이 많았습니다. 〈학원문학상〉역시 단편소설로 수상했고요. 그래서 기회가 된다면 소설을 써 보는 게 꿈입니다. 그리고 지금 제가 하고 있는 컴퓨터 스위시 작업도 더 다양하게 해보고 싶습니다.

대담자　후배 문인들에게 해주고 싶은 말이 있다면 무엇인가요?

최자영　저의 경험을 말씀드린다면 초심을 잃지 않고 많은 글을 쓰는 일입니다. 저는 글이 생각한 대로 써지지 않아도 밤을 새워가며 썼습니다. 누구나 처음 시작할 때는 그런 열정이 있습니다. 그런 초심을 잃지 않고 계속 이어 나 갔으면 하는 게 저에게도, 여러분들에게도 거는 바람입 니다.

> 최자영 시인은 전통시를 고수하면서도 항상 쉬 우면서 밝고 아름답게 자연을 미화한다. 또한 여성으로서의 모성애를 잘 표현한다는 점에서 나는 시인의 시 세계를 높이 평가하고 있다.
>
> 빈 명 숙 시인

《대전여성문학》 33호에 부쳐

1992년 여성문학회가 창단되어 1년에 한 번씩 회지를 내고 있는데 올해 33호 원고 모집에 느끼는 소감을 써달라는 현 회장의 부탁을 받았다.

우리는 서둘지도 않고 쉬지도 않으면서 흘러 마침내는 큰 바다에 이르리라는 다짐을 한 것처럼, 한 해도 거르지 않고 회지를 내고 시화전, 시낭송회를 하고 있으며 젊고 패기 넘치는 젊은 문인들부터 나이 든 여류들까지 고루 갖춘 문학단체로 발전을 거듭나고 있음에 스스로 찬사를 아끼지 않는다.

30년이 넘는 세월 동안 한 해도 회지를 거른 적이 없었으며, 회원들의 수도 23명에서 이제는 40명이 넘는 회원들이 열성적으로 참여하고 있으며, 시 분과는 물론 수필, 소설, 아동문학, 평론 분과까지 회원들이 각자의 개성을 발휘하며 활발한 활동을 하고 있다.

회장은 처음 규정대로 입회 순으로 하고, 2년의 임기를 마치면 연임을 하지 않는다는 창립 당시의 룰을 지켜, 나아가 누구나 주인의식을 가지고 33호를 앞두고 있는 지금까지 날로 발전을 거듭해 왔다. 누구나 회장을 거치게 되면 여성 문학에 더 많은 관심과 애정을 쏟아붓고 있음이 반갑고, 특히 젊은 문인들의 새롭고 추억이 될 만한 행사를 찾아 노력하는 모습을 지켜보면서 우리 여성 문학의 더 빛나는 앞날을 기대해 본다. 또한 전국의 여성 문학회와도 교류하고 있음이 고무적인 일이다.

 시간은 빠르게 흘러 상노인이 된 지금도 젊은 여류들과 작품을 논하고 그들의 열정에 찬사를 보내며 문학을 얘기할 수 있음에 감사할 뿐이다.

친정어머니

최자영 2수필집

친정어머니

최자영 2수필집

발 행 일	2025년 7월 30일
지 은 이	최자영
발 행 인	李憲錫
발 행 처	오늘의문학사
출판등록	제55호(1993년 6월 23일)
주 소	대전광역시 동구 대전로 867번길 52(한밭오피스텔 401호)
전화번호	(042)624-2980
팩시밀리	(042)628-2983
전자우편	hs2980@hanmail.net
카 페	cafe.daum.net/gljang(문학사랑 글짱들)
인터넷신문	www.k-artnews.kr(한국예술뉴스)
계좌번호	농협 405-02-100848(이헌석 오늘의문학사)

공 급 처	한국출판협동조합
주문전화	(02)716-5616
팩시밀리	(02)716-2999

ISBN 979-11-6493-392-1
값 15,000원

ⓒ 최자영 2025

* 이 책의 판권은 저작권자와 오늘의문학사에 있습니다.
* 이 책은 E-Book(전자책)으로 제작되어 ㈜교보문고에서 판매합니다.
* 잘못 제작된 책은 구입하신 서점에서 바꾸어 드립니다.